Traugott Giesen
– Handle so und du wirst leben –
Die Zehn Gebote

Traugott Giesen

Handle so
und du wirst leben

Die Zehn Gebote

PATMOS

Die Deutsche Bibliothek – CIP-Einheitsaufnahme

Giesen, Traugott:
Handle so und du wirst leben: Die Zehn Gebote / Traugott Giesen. –
Düsseldorf: Patmos, 2002
ISBN 3-491-70347-6

© 2002 Patmos Verlag GmbH & Co. KG
Patmos Verlagshaus Düsseldorf
Alle Rechte, einschließlich derjenigen des auszugsweisen
Abdrucks sowie der fotomechanischen und elektronischen
Wiedergabe, vorbehalten.
Satz: Fotosatz Moers, Mönchengladbach
Druck und Bindung: fbg · freiburger graphische betriebe
ISBN 3-491-70347-6
www.patmos.de

Inhalt

Vorwort

Gern schriebe ich das Buch »Richtig leben leicht gemacht«. Aber wir sind glückselig verschieden.

Und doch. So verschieden wir sind, so verwandt sind wir uns auch. Wenn wir nicht von Furien gehetzt sind, haben wir eine gemeinsame Grundklugheit, eine Art Tastsinn für das Gute. Was Menschen erfahren haben in der langen Geschichte von Versuch und Irrtum, das hat Linien des Richtigen gezogen, hat Lebensregeln.

Die Hauptsätze, die Meridiane unserer Ethik hier bilden die Zehn Gebote und die Weisungen des Jesus, »dieses wunderbaren Menschen« (Max Frisch), und Hauptsätze des Paulus. Diesen Schatz der Zehn Gebote will ich ausbreiten, ich will mir klar werden, was wir an den guten Geboten haben. Im Gespräch mit ihnen können Wollen und Sollen und Dürfen zueinander finden. So klingen sie mir: Es ist ein hohes Gut zu wissen, dass Gott mich liebt und braucht. Gott, der Sinn, ist fließend, aber umgibt und durchdringt das Ganze liebend; seinen Namen nicht zu missbrauchen, sich von ihm kein idyllisches, kein grausames Bild zu machen ist gut.

Es ist gut, Feiertage einzulegen, an denen meine Seele Zeit für Gott hat. Es ist gut, Vater und Mutter zu ehren als die von Gott ausgewählten ersten Mitarbeitenden an mir. Es ist gut zu lieben und Ehen zu schützen, mich und andere nicht aus Ehen zu brechen. Es ist gut, nicht zu stehlen: Ehre, Geld, Zeit, Gewissen. Es ist gut, nicht falsch Zeugnis zu reden gegen den Nächsten, sondern ihn zu entschuldigen, Gutes von ihm zu reden und alles zum Besten zu kehren (Martin Luther). Es ist gut, dem andern Seins zu lassen und das Meine zu erwerben.

Mein Leben ist durch ständige Beratung mit ihnen geprägt, sie begrenzen mir das weite Land der Freiheit in Verbundenheit, sie haben sich mir als Geländer herausgestellt, bis wohin Freundesland reicht und wie weit ich gehen kann. Über dreißig Jahre waren sie mir das tägliche Brot als Seelsorger und Prediger.

Ich mit meinen Gefühlen, die ja einen Ozean von Unbewusstem in mir liquide halten, ich mit der Lust zu verstehen und verstanden zu werden und ich mit Religion in Leib und Seele bin auf die guten Gebote angewiesen. Ich will sie nie fremdes Dreinreden sein lassen. Ich habe sie als O-Töne, als Herzklopfzeichen empfangen, die mir sagen, wo's langgeht. Etwas dem Mitlesenden davon abgeben tät ich gern.

Gebote als Angebote, Regeln als Zusagen – Sollen und Wollen und Können finden einen Grund.

Du hältst stand. Du hast ein Fundament innen – du bist gut gegründet. Du lässt dich von viel Unvernünftigem nicht aus der Bahn bringen. Du brauchst nicht das Segel deines Selbstbewusstseins dir füllen lassen von jedem Wind; du ziehst deine Straße fröhlich aus einer inneren Ruhe heraus.

Auch fliehst du nicht die Zwangslagen, die Entscheidung fordernd. Du hast einen festen Halt in dir, einen Sinn für das Gute. Dein Herz, dein Ich ist fest, aus dem Wissen: Gott will dich, wie du bist und wirst. Darum kannst du auch manchmal schwierig sein, dann hältst du dich auch aus und mutest dich andern auch zu; die werden schon mit dir zurechtkommen. Du und sie gehören ja zum gemeinsamen Kräftehaushalt des Herrn. So kannst du auch ein Quantum Ungeliebtsein einstecken, du teilst ja auch nicht nur Güte aus. Du sollst sein. Darum bist du. Das weißt du. »Ich bin da, also soll ich sein. Also werde ich was draus machen.«

Dir ist eine Feste verliehen, du glaubst dich mit Gott in eins, wenigstens bei ihm angelehnt. Nicht Blatt im Wind, sondern fest gegründet, nicht stur, nicht hart – fest, wie fester Boden unter den Füßen, wie eine feste Währung, feste Stimme, fester Glaube, feste Burg. Woher du/ich mit einem Ich, das in wachsenden Ringen gefestigt wird? Du kannst es nicht machen, aber geschehen lassen. »Es ist ein köstlich Ding, dass das Herz fest werde, welches geschieht durch Gnade« (Hebr 13, 9).

Du weißt dich in einer Beziehung, die dich hält, die das Netz bildet in all den Verhältnissen, die pulsiert in allen Energien, die dich bewirken. Auch wenn du dich ängstigst, ist auf dem Grund ein heilbringendes Schauen, das wird dich einhüllen, dich segnen, dich ganz machen. Dein Herz, dein Ich ist bei Gott in festen Händen, das gibt dir Getrostheit, Scharfsinn, Duldsamkeit, Durchlässigkeit, Großmut, auch mal Verwegenheit, Mitdenken, Empfänglichkeit, Entwaffnendes, Freundschaftlichkeit. Auch bekommst du mehr Elastizität zum Ertragen von Schrecken, ohne in Stumpfheit zu geraten. Dies lässt Konzentration zu auf den weiten Horizont.

Großer Himmel über dir, vor dir Zeit-Strecke ausgebreitet, gut sie zu bearbeiten und davon zu existieren; weiter Horizont, also nicht eng, du bist nicht eingezwängt, also schreite Raum und Zeit aus, kaufe die Zeit aus (Eph 5, 16), die dir gewährt ist.

Weiter Horizont. Paulus hat das hinreißend klargestellt: »Es kann uns nichts scheiden von der Liebe Gottes: Weder Tod noch Leben, weder Engel, Mächte noch Gewalten, weder Gegenwärtiges noch Zukünftiges, weder Hohes noch Tiefes, noch irgend sonst Geschaffenes – nichts kann uns scheiden von der Liebe Gottes, das ist in Christus offenbart« (Römer 8, 38 f.).

Weiter Horizont, weil nichts letztlich dich von Gott abreißen kann. Du bleibst in Gott, basta. Das ist ein Vertrauenswissen; das lebe, um es zu besitzen. Selbst der Tod und die Zeit ist Kreatur, Geschaffenes. Nichts Geschaffenes aber trennt von Gott, dich, mich. Selbst wenn die Wahrnehmung meiner selbst mir zerfiele und mein Ich sich mir auflöste, wird Gott mich lieben. Das weiß und glaub ich fest. Auch du, lass dir den Horizont nicht trüben durch Unwissen, wie und was. Du weißt jetzt genug für jetzt, dann wirst du genug für dann wissen.

Illusionen verstellen uns vorübergehend den weiten Horizont. Dann meinen wir, wir wären wegen diesem und jenem was Besseres, oder weil uns dies und das fehlt, wären wir mies. Wir können auch krank sein, unsere Freudefähigkeit von Schmerzen aufgezehrt. Am meisten behindern den Behinderten die abwegigen Beurteilungen der anderen. Menschen können einander Gott schwärzen, wir können im Gram versinken – und doch: Dir sei der Horizont weit.

Und wenn du stirbst, dann möge dir einer singen: »Breit aus die Flügel beide«, auf dass, wenn es eng wird, dir der Himmel sich öffnet. Dir erklinge ein Liebeslied zur Heimkehr, die Hand eines Treuen geleite dich an die Schwelle. Immer war ja die Liebe dir schon Pfand für weiten Horizont und dass die Grenzen fließend werden.

Dir weiter Horizont. Dir werde wieder und wieder eine Tür geöffnet, dir sei Entwicklung möglich, immer. Das wirst du sagen: »Gott, du hast mir meine Klage verwandelt in einen Reigen; du hast mir den Sack der Trauer ausgezogen und mich mit Freuden gegürtet. Du, Gott, stellst meine Füße auf weiten Raum« (Psalm 30, 12; 31, 9).

Lebe also in fester Zuversicht und mit dem weiten Horizont: Nichts kann dich scheiden von der Liebe – und du liebe und tu, was du dann wollen kannst. Die guten Gebote leuchten deinem Weg.

Eine Uhr soll richtig gehen, ein Mensch soll richtig leben

Moral, Sittenlehre, Ethik – drei Wörter für richtiges Tun

Was ist gutes, rechtes, richtiges Leben? Kaum ein anderes Thema hat so viele Bücher gefüllt. Alle nah gehenden Gespräche handeln davon. Und gleich drei großräumige Wörter – Moral, Sittenlehre, Ethik – beschreiben die endlosen Felder von Tun und Lassen. Nur wer allein auf einer einsamen Insel sich durchschlägt, kann vielleicht tun, was er will. Wo aber zwei oder drei beisammen sind, müssen sie sich verständigen, was als Gut oder Böse zu gelten hat.

Die Lehre vom richtigen Leben heißt Ethik, ein Extrafach in Philosophie und Theologie; neuerdings auch Alternative zum Religionsunterricht. Richtiges Tun fängt mit dem richtigen Denken an, dies mit den richtigen Worten. Moral, Sittenlehre, Ethik: schon drei Wörter für richtiges Tun.

»Moral« hat einen abwertenden Klang. »Ich will dich Mores lehren«, drohten Erziehende früher. *Mos, moris,* lat. Sitte, Sittlichkeit. Uns klingt es nach Enge und Beschränktheit alter Ordnung. Wir sagen heute lieber »Ethik«, eben um zu unterstreichen, dass man keine engherzige Moral vertrete.

Ethik kommt von griech. *ethos* – Wesensart: wie einer ist, wie einer beschaffen ist; wie in etwa sein Charakter sei, ist da gemeint. Ethos meint das von Innen kommende persönliche Handeln.

Wenn man es auseinander halten will, dann unterstreicht »Moral« das Sittliche, das von vielen Erprobte, das Bewährte, Ratsame. Moral ist etwas Allgemeines, Gültiges, das »man« tut. Moral gibt dem Einzelnen den Rahmen vor, in dem richtiges Leben gedeihe.

Beschweren wir uns über Verwahrlosung der Moral und beklagen die Verderbtheit der Sitten, dann prangern wir persönliche Bereicherung in öffentlichen Ämtern an und rüpelhaftes Benehmen, sehen auch den privaten Bereich gefährdet; bedauern, dass Familien zerfallen und Alte wenig Dank erfahren. Manche meinen, die Menschheit habe keine Moral mehr im Leibe, jeder mache nur noch, was er wolle. Doch die Klagen über den Verfall der Werte sind so alt wie die Kataloge dieser Werte. Vielleicht sind alle Gebotstafeln schon Zeichen für Inpflichtnahme, nachdem das Selbstverständliche in Scherben ging.

Aber schon weil wir auf engem Raum beieinander, miteinander auskommen müssen, gibt es heute viel mehr Regeln, Gesetze, Verordnungen als früher. Und wir brauchen darüber hinaus einen Kodex für das, was öffentlich und privat überm oder unterm Strich ist. Und eins muss zum andern passen. Zum Beispiel halten wir es alle für verwerflich, fremde Telefongespräche zu belauschen, fremde Post zu lesen. Dann müssen wir auch das Privatleben von Prominenten schützen und müssen Zeitungen, die erschlichene Informationen veröffentlichten, boykottieren. Und wenn wir das »Du sollst nicht töten« beachtet sehen wollen, dann dürfen wir Machthaber nicht mit Waffen ausrüsten, sollen nicht an Unrecht verdienen, selbst wenn andere dann das Geschäft machen. Das ist mit Moral gemeint. Wir brauchen ein Wertesystem, aufgrund dessen wir dann von Fall zu Fall absprechen können, was geht und was nicht.

Leider ist der Begriff »das Moralische« verengt auf Verzicht und Asketisches. Beim Unmoralischen sind wir sofort auf der Rutschbahn zum geschlechtlich Zwielichtigen hin zum »unmoralischen Angebot«. Ebenso ist der Begriff »das Sittliche« heruntergekommen zu Angelegenheiten des Sittendezernats, in Krimis immer kurz nur »Sitte« genannt – so ist uns auch dies Wort verdorben.

Aber wir müssen uns verständigen, was hier, jeweils jetzt und hier, Sitte und Ordnung ist. Im fremden Land erkundigt man sich nach den dort geltenden Regeln, den Trinkgeldsitten, den Begrüßungszeremonien. Junge Leute lernen neuerdings defensive Körpersprache, um nicht aus Unwissen eine Schlägerei anzuzetteln, bloß weil ihr Auftreten provokativ erscheint. Wir brauchen Regeln, wie es zu laufen hat in dieser engen Welt. Wir haben diese Regeln schon, ob sie aber bekömmlich sind, ratsam, empfehlenswert für die kommende Zeit, das ist zu prüfen. Regeln und Sitten sind dauernd in Bewegung wie die Sprache, die ja auch eine Sitte ist; sie wabert ständig und äußert sich neu, an den Rändern des Normalen gibt es Schrilles, Erschreckendes, Furchtbares. Doch bei allem *in* und *out* und Auf und Ab des Benehmens ist ein Sockelwissen bei allen Menschen um uns herum vorhanden.

Dies Grundwissen mag fragwürdig geworden sein durch Abflachung zu Moral und muffigen Erziehungszielen. So traf der Aufstand gegen Moral und etablierte Ordnung auch die Christenheit und der Satz von 1968: »Unter den Talaren der Muff von tausend Jahren« zielte auch gegen Katechismussätze. – Die Zehn Gebote wurden damals noch mit den Erklärungen Luthers den Konfirmanden auswendig abverlangt.

Was ist gut? Jedenfalls ist das Gute doch wunderbar, ist ein Abenteuer, ist Glück von hohen Graden. »Der Ehrliche ist der Dumme« ist nur ein ressentimentgeladener, verkaufsgeiler Buchtitel. Wir brauchen Tugenden, zu Deutsch: Tauglichkeiten fürs Zusammenleben. Das uns allen Gute muss frisch gelüftet und neu gesichtet werden.

Vielleicht klingt das Wort »Ethik« aufgeklärter, einladender; es hat einen Zug zum Individuellen, lockt zu Normen, die öffentlich vertretbar und der eigenen Wesenbeschaffenheit nicht entgegen sind. Ethisches Handeln ist verantwortetes, gewissenhaftes Handeln, es ist keine freie Bahn, sich auszuleben, wie es kommt, »und so zu handeln, wie man ohnehin ist. Persönlichkeit an Stelle der Norm« (Theodor W. Adorno) zu setzen: Das geht im Häuslichen, im Privaten. Aber öffentlich wäre das überheblich. Wer sollte denn gut genug sein, um als Vorbild in allem zu reichen?

Richtig leben ist Arbeit, ist das Mühen, die eigenen Interessen und die Normen der Gemeinschaft zusammenzuhalten. Richtig leben ist die goldene Mitte, in der Glücksansprüche und objektive Zwänge der Gattung Mensch zusammenpassen und die eigene Bequemlichkeit die Natur möglichst wenig beschädigt. Will ich im modernen Verkehrsgewühl schnell vorwärts kommen, muss ich meinen Mitkonkurrenten, lat. Mitwettläufer, helfen, dass sie auch schnell vorwärts kommen; ich muss den Verkehrsfluss flüssiger gestalten, muss also auf zackiges Vorwärtshüpfen verzichten.

Eigenwunsch und Gattungswille müssen zusammenpassen. Zwischen ihnen kann es mal knirschen, aber auf Dauer gegeneinander stehen können Egoismus und Gesamtglück nicht. Keine Diktatur hat überdauert. Die Menschheit hat nur Zukunft, wenn die Schöpfung geschont wird und fähig bleibt der ständigen Erneuerung.

Ethisches Handeln tut das Notwendige, tut die richtigen Dinge richtig. Gut zu machen, was man macht, ist der Antrieb, ethisch zu handeln: Nicht weil man bezahlt wird oder Angst hätte vor einem Donnerwetter, sondern weil du/ich eine gute Investition des Lebens sein wollen (das ist unser aller Antrieb; »weil wir eine gute Investition sind« ist Vertrauenswissen). Ethik will nichts mir Fremdes von mir, sie verlangt nicht Wiederholung uralter Riten. Ethik beruft mich: Gib dich aus ans Lebendige, liebe das Leben, geh ihm entgegen.

Nach dem Verblassen theologischer Vorstellungen versuchen wir von der Natur abzuschauen das richtige, das natürliche Verhalten. Wir »nackten Affen« erheben aus der Biologie Gebote. Doch wir sind mehr als findige Tiere. Wir blicken über den Horizont von Fortpflanzung und Überleben der Fittesten. Wir sind mehr als Naturwüchsige, also suchen wir Transzendentes. Wünschen wir uns, fliegen zu können, ist das Metapher für Freiheit und weite Seelen. Und das Schwache hat in der Natur wenig Gewicht, es wird am schnellsten Beute der Starken. Christlicher Glaube aber hat dem Schwachen eine eigene Würde zugemessen. Das könnte sich noch erweisen als der Stoff, aus dem die Rettung kommt für das Überleben der Erde.

Heute ist Ergebnis von Gestern. Aber Heute ist auch Anfang von morgen. Wenn in Zukunft Gott zunimmt, ganz wird, vollkommen, dann hat auch mein/dein heutiger Tag ein Stäublein Vollkommenes bei sich, ein Saatkorn Liebe, Frieden, Gerechtes. Wenn Gott vorn ist, dann ist vorn Freundesland, dann ist Gutes im Werden, greift auch dich, verwendet dich zur Heilung.

Durch dich weniger Böses! Vergeltung vermehrt das Böse, aber du kannst Böses aufsaugen, ein wenig. Noch einmal grüßen, wieder reden, wieder entschuldigen, wieder Besserung zutrauen. Alle Diskussionen über Ethik schieben mich/dich an den Start: Jetzt fass an, tu den Mund auf für die Stummen, mache Schaden gut.

Lebensregeln:
Module für ein inneres Werte-Radar

Wir brauchen Regeln für das Spiel des Lebens. Die Regeln können übertreten werden, dann gibt es Strafe, aber das Spiel geht weiter. Die Regeln nennt man das Recht, in Paragraphen geordnet oder ungeschrieben. Der Untergrund des Rechtes ist ein geheimes Muster, das Lebenstauglichkeit fördert. Es ist mitgegeben in der Schöpfung. Wir Menschen müssen diesen Schatz nur immer wieder neu heben – jede Generation, jedes einzelne Menschenkind muss eingewiesen werden in die Regeln vom Spiel des Lebens. Werden sie nicht mehr weitergegeben oder gar ins Gegenteil verkehrt, verwahrlosen und verwildern wir.

Wichtig ist, dass ein inneres Werte-Radar uns leite in Fragen von Gut und Böse – gerade weil die Regeln nicht mehr überschaubar sind und nicht mehr als verbindliche Disziplin mitgegeben werden können.

Uns Heutigen gilt glücklicherweise als Grundgesetz: »Die Würde des Menschen ist unantastbar.« Doch die Hochachtung der eigenständigen Person legt dem Einzelnen viel Freiheit und Verantwortung auf. Nicht mehr Vaterlandsliebe, nicht mehr Familienehre, nicht mehr Stolz ist pflichtsetzend, auch kirchenlos kann man heute sein und gleichgeschlechtlich lieben, ohne verächtlich angesehen zu werden; und die Paare haben Spielraum, ihre eigene Rollenteilung zu suchen.

Umso dringender müssen wir beraten, welche Grund-Regeln lebenswichtig sind. Je unverbindlicher die traditionellen Gesellschaftsformen werden, umso riskanter ist die Freiheit. Früher gehorchte man den Eltern, heute stoßen viele Eltern die Vorbildrolle von sich; früher war die Armee die Schule der Nation, heute ruft der Bund zu Recht den mündigen Bürger.

Hundertfünfzigtausend Millionäre gibt es in Deutschland und fünfzig Milliardäre – so viele wie noch nie, und das bei vielen Millionen Arbeitslosen und Verarmten. Der Staat schafft es nicht zu verhindern, dass die Lebensverhältnisse immer weiter auseinander driften. Auch die Kirche kann Gerechtigkeit nicht verpflichtend machen. Und wer klagt die Sozialpflichtigkeit des Besitzes ein? Und wer sagt noch, was gut und böse ist – und wer lebt noch überzeugend ein Leben vor mit Freude am Guten?

Früher schien es so, dass Kirche, Obrigkeit, Familie, Volk, die »sich gehörende« Ethik sicherstellten. Heute sind wir wieder an einem Anfang. Nachdem alle Autoritäten zertrümmert, alle Ideale zerbröselt, »alle Irrtümer verbraucht sind, sitzt (nach Bertolt Brecht) uns das Nichts als Gesellschafter gegenüber«.

Oder wir erinnern uns an den Ursprung. Ganz am Anfang, im Ursprung gab Gott dem Menschen auf, zu lernen, was gut und böse ist. Heute hat wieder der Einzelne den Auftrag, den Garten des Lebens zu bebauen und zu bewahren (1 Mose 2, 15) nach seinem besten Wissen. Und wieder werden du und ich schuldig und hören im Gewissen die Stimme Gottes: »Adam, Mensch, wo bist du?« (1 Mose 3, 9) »Und wo ist dein Bruder?« Und Kain in uns schreit: »Was soll ich meines Bruders Hüter sein?« (1 Mose 4, 9) Aber wir werden doch auch freundschaftliche Menschen finden (und sie in unsere Nähe lassen), die mit uns beraten, die uns helfen, es gut zu machen. Da ist christliche Gemeinde noch mal wieder ganz von vorn gefragt als rettendes Boot, als Hort der drei Klarheiten:

1. Ich bin wunderbar, von Gott gewollt.
2. Ich bin Leben, das leben will, inmitten von Leben, das leben will (Albert Schweitzer).

3. Ich soll glücklich werden, glücklich machen.

Das gute Tun kommt aus gutem Glauben, dass der mütterlich-väterliche Lebensgrund mich liebt. Und andersherum – Eva greift zur verbotenen Frucht, weil sie argwöhnt, Gott habe Schätze für sich zurückbehalten. Und Kain sieht sich von Gott benachteiligt gegenüber seinem Bruder. Viel Böses ist aus Minderwertigkeitsgefühl, aus Misstrauen geboren. Der Glaube, in einem Guten Ganzen geborgen zu sein, macht, dass wir Lust am Guten haben.

Doch auch dann bleiben ethische Konflikte in Fülle. Begrenzt sind die Güter und Kräfte – wie aber komme ich zu meinem Recht, ohne ins Unrecht zu setzen? Dringlicher noch: Mache ich mit meinem Fleiß und Geschick andere arbeitslos, mit meinem Geld kaufe ich anderen Lebenswichtiges weg? Und: Meine Armfreiheit endet spätestens vor des Nächsten Nase – wie viel Frechheit und Wendigkeit müssen wir gegenseitig geschehen lassen? Und ist nicht rüpelhaftes Benehmen oft Notwehr gegen die, die mit Worten schneller verletzen, mit Einfluss sich holen, was sie brauchen?

Wem dient das Recht auf freie Meinungsäußerung mehr, dem Zeitungskäufer oder dem Verleger? Und die Jungen, die Alten – wie tragen sie einander Last mit? Wir brauchen das Gespräch über das, was uns gemeinsam wichtig ist. Denn wir werden gemeinsam zurechtkommen oder gar nicht.

Es gibt wohl nur eins: Wir müssen glücklich werden, indem wir glücklich machen. Dies Zauberwort der Ethik hat für sich: Wir sind sozial geeicht, wollen gemeinsame Sache machen. Nicht nur unsere Liebessehnsucht öffnet uns die Arme für den Mitmenschen; auch die Freude zu helfen; auch die Neigung, etwas Gemeinsames zu bauen, ist uns eingestiftet. Aber krumme Gedanken behindern uns auch: Da ist Neid und Raffgier, Faulheit und Machtlust. Wie halten wir unsere gefährlichen Tendenzen in Schach? Wie fördern wir unsere guten Neigungen?

Es gibt da ein Sockelwissen, das in unserer Weltgegend »Die Zehn Gebote« heißt. Sie fassen kurz und knapp, wie richtiges Leben geht:

1. Keine Götter außer dem, der dich ins Leben gerufen hat, der dir Zeit einräumt und vor dem du verantwortlich bist.
2. Den Namen Gottes nicht an Menschenwerk heften, kein Bild dir von Gott machen, du triffst ihn immer neu.
3. Arbeite und ruhe, halte den Feiertag, lobe, danke, denke nach.
4. Ehre die Eltern, ehre die Kinder – ehre den Nächsten.
5. Töte nicht, stütze, stärke, fördere Zusammenhalt.
6. Liebe; und schütze Ehen.
7. Stehle nicht, giere nicht, raube nicht.
8. Hilf dem Nächsten, seine Ehre zu bewahren. Suche die gemeinsame Wahrheit.

So ähnlich stehen die guten Gebote in der Bibel, 2 Mose 20, und haben noch immer druckvolle Klarheit. Doch das 9. und 10. Gebot sind Verstärkungen des 7. Gebotes: »Du sollst nicht stehlen.« Du sollst nicht begehren – wenn Gier, Begierde hinzukommt, dann ist die kriminelle Energie gesteigert von Diebstahl zum Raub hin: Man kann das 9. und 10. Gebot beim 7. bedenken. Und hätte Raum, für uns heute ein 9. und 10. Gebot aktuell zu formulieren. Man könnte sich leicht auf zwei wichtige neutestamentliche Gebote einigen und ergänzen als 9. Gebot: »Liebe Gott und deinen Nächsten wie dich selbst.« Und als 10.: »Zur Freiheit hat euch Christus befreit – darin bestehet!« (Gal 5, 1) Aber das Gewicht der Tradition ist übermächtig, neue Zehn Gebote werden nie »Der Dekalog« werden.

Auch sind noch mehr Lockrufe des Jesus Christus ewig jung und mitreißend: »Tu andern, was du dir wünschst«, »wenn dich einer auf deine rechte Wange schlägt, dann biete ihm auch die andere dar«, und auch die Seligpreisungen. Diese Schätze der Menschheit im Gespräch halten ist Christenpflicht.

Wir müssen uns mehr austauschen über Gut und Böse. Auch dazu ist Kirche da – nicht um zu befehlen, sondern um uns Zeitgenossen im Gespräch zu halten, damit nicht die Fäuste sprechen.

Was sollen wir tun? Diese Grundfrage hat magische Kraft, und wer Antwort wagt, sollte gute Zeugen haben. Die Kirchen haben eine lange Erfahrung mit uns Menschen, Kirchen sind Gedächtnis von Hoffnungshorizont und Schuld – sie ermahnen die Stolzierenden, erheben die Verzagten, zeigen am Menschenhaus die falsche Bauformel; mit gutem Gesicht ermahnen, trösten, ermutigen sie.

Kirche ist die älteste erdumspannende Institution. Sie hat Wissen von dem, was wir sollen. Andere Mächte bestimmen schon genug: Wissenschaft und Technik, was wir können; der Staat, was wir dürfen; die Werbung, was wir wünschen sollen.

Unsere Gefühle sollen im Bund sein mit Vernunft und Transzendenz, mit unsern kognitiven Bedürfnissen und unserm spirituellen Fühlen. Darum ist das Christenwissen gefragt, wie Wollen und Sollen Hand in Hand gehen. Liebe das Leben, feuern uns die guten Gebote an. Entdecken wir diesen Ruf auch als Stimme in uns; auch gehe uns das Licht auf, das die Lebensprozesse selbst bei sich haben. Dann gebieten wir Kinder der Freiheit tatsächlich uns selbst.

Erst die Gabe, dann die Aufgabe; das Tun kommt aus dem Hören, wem ich zugehöre

Vor den Pflichten steht der Qualitätsname

Was Menschen alles von Menschen verlangen! Wie viele Gesetze, Verordnungen, Regeln, Bestimmungen uns aufgeladen sind! Aber bessern sie uns? Haben Gebote uns nicht erst die Augen geöffnet fürs Verbotene, haben nicht verschlossene Türen das Dahinter verlockend gemacht? Sicher müssen Regeln sein, Verabredungen, Verträge, Programme. Aber richtig leben, das besorgt kein »Du sollst«.

»Etwas nicht tun dürfen, heißt, es irgendwo anders doppelt tun« (Robert Walser). Wenn wir nicht einsehen, was uns das Gebot auferlegt, wenn wir nicht selber das Gebotene wollen, bohren wir doch so lange, bis wir, notfalls getarnt, doch unsern Willen bekommen. Nur ein Beispiel: Das Feiertagsgebot hat ein Sonntagsbackverbot konsequenterweise bei sich. Wenn aber vielen es kein Bedürfnis mehr ist, den gemeinsamen Feiertag zu heiligen, und viele ihren Feiertag nehmen (müssen), wenn es ihnen auskommt, dann ist der Schutz des Sonntags ausgehöhlt und auch das Backverbot nicht mehr sinnvoll. (Und wem der Sonntag der einzige Familientag ist, dem seien seine Brötchen herzlich gegönnt – sie sollten nicht madig gemacht werden von denen, die allmorgendlich sich Brötchen holen können.)

Recht, sagt man, ist der Schutz des Menschen vor dem Menschen in den des Schutzes bedürftigsten Bereichen. Nur Notwerkzeug ist das Recht, nur Grenzziehung vermag das Gebot zu leisten. Besonders die Zehn Gebote machen kenntlich: Hier in diesem von den Geboten umfriedeten Bezirk, in diesem Gehege geht Leben richtig. Die Zehn Gebote bilden die Grundlagen aller Gesetzgebung, nahezu überall. Sie sind gültig und wahr. Aber sie entfalten ihre Fülle erst, wenn sie als Freisprüche gehört werden. Das Gebot z. B.: Du sollst Vater und Mutter ehren – wenn du es so hörst: Weil es sein muss, beiß auf die Zähne und leiste das Nötige, dann ist es wirklich nur Notnagel, nur Notstandsgesetz. Solche erzwungene Gerechtigkeit willst du nicht von deinen Kindern. Du möchtest, dass sie dich von innen mögen und darum ehren. So ist das Gebot, die Eltern zu ehren, erst richtig hilfreich, wenn wir im Stande sind, die Eltern anzunehmen als Gabe Gottes.

Genau da liegt für mich die Kraft der Gebote. Die Gebote entfalten in mir Wirkkraft, wenn ich sie höre als verkündet von dem, der mir sagt: »Ich bin der Herr, dein Gott, der ich dich ins Leben gerufen habe, mittels dieser Eltern – sie haben dich bekommen von mir, du bist ihnen als Gabe und Aufgabe auferlegt, und sie haben dich im Rahmen ihrer Fähigkeiten geliebt und gefördert.« Lasse ich mir das sagen, dann ehre ich die Eltern als seine erstbesten Mitarbeiter.

Und höre ich als meine wichtigste Widmung: »Du bist mein lieber Sohn/meine liebe Tochter, an dem/an der ich Wohlgefallen habe!« – ich müsste doch von innen her richtig leben.

Woher kommt denn unser Versagen? Doch nicht aus Unkenntnis der Gebote, auch nicht aus Böswillen, sondern aus Unkenntnis, wer wir sind. Aus Unkenntnis, wer wir seien, sind doch Hitler so viele gefolgt. Sie glaubten, dieser Mensch gäbe ihnen Identität, Würde, Glanz, Halt, Auftrag. Sie wollten gern heldisch von sich denken in den herrischen Begriffen von Macht und Zwingenkönnen und Glänzen; so warfen sie alle ihre eigene kleine Persönlichkeit mit Hurra von sich ab. Und dieses gleiche Muster lockt heute Menschen in Sekten oder in Drogen; man stürzt sich in den Vergessensfluss und taucht mit neuer *corporate identity* auf.

»Was können wir wissen? Was dürfen wir hoffen? Was sollen wir tun?« Diese drei Grundfragen des Menschen hängen nach Immanuel Kant ineinander. Tun hängt am Wissen und vor allem daran, was ich auch für mich erhoffen darf als Bedeutung meiner selbst. Genau für diesen sensiblen Bereich ist Jesus Christus Anfänger und

Vollender unseres Glaubens. Ihn brauchen wir nicht als Mose II, als Gesetzgeber, sondern als Heiland, als Zurechtbringer. Zu unserm Glück sagt er ja: »Ich bin nicht gekommen zu richten, sondern zu retten« (Joh 3, 17). Sein Retten passiert so, dass der Heilige Geist uns die Bedeutung deiner/meiner selbst aufrichtet, uns entfaltet das herrliche Selbstbewusstsein, die Freiheit der Kinder Gottes.

Zum Glauben kommen ist so was wie ein Neugeborenwerden, die Taufe ist ein Ritus dazu. Das Wasser spiegelt das vorgeburtliche Dasein, auch das Nichtsein, das Nochnichtsein, aus dem man von Gott herausgezogen, ins Leben gerufen wird.

Wie die ersten Christen von Jesu Taufe reden (Mk 1, 10–13), ist bezeichnend: »Es begab sich zu der Zeit, dass Jesus aus Nazaret kam und ließ sich taufen von Johannes im Jordan. Und alsbald, als er aus dem Wasser stieg, sah er, dass sich der Himmel auftat und der Geist wie eine Taube herabkam auf ihn. Da geschah eine Stimme vom Himmel: ›Du bist mein lieber Sohn, an dir habe ich Wohlgefallen.‹ Und der Geist trieb ihn in die Wüste; und er war da vierzig Tage und wurde versucht von dem Satan und war bei den wilden Tieren und die Engel dienten ihm.«

Johannes sah die Menschheit unmittelbar vor dem Zusammenbruch des Irdischen. Gott kommt zum Jüngsten Gericht; nichts ist mehr wichtig als Umkehr, was für Johannes hieß: Loslassen: »Wer zwei Hemden hat, verschenke eins« (Lk 3, 11). Die Ungeduld, die Eile des Johannes hat Jesus auch; Jesu erstes Wort: »Die Zeit hat sich erfüllt, das Reich ist nahe.« Jesu letztes: »Seht zu, wachet, ihr wisst nicht, wann die Zeit da ist.« (Mk 1, 15; 13, 33) Aber doch ist bei Jesus »eine neue Kreatur« (2 Kor 5, 17).

Johannes sah das Kommen Gottes als vernichtendes Gericht, als Sintflut, der man nur entkommt, wenn man jetzt das Ego sterben lässt im Wasserbad der Taufe. Jesus lässt die Taufe des Johannes an sich geschehen, ohne dessen Weltbild zu unterschreiben. Er nimmt sie als Zeichen, sich ganz in Gottes Hand zu geben und aus Gottes Hand neu sich zu empfangen. Ihm geschieht Erleuchtung, er sieht den Himmel offen, ihm geschieht Im-Licht-Sein, diese geistige

Gewissheit, mit Händen fast zu greifen. Heute würde man sagen, es war, als führe ihm ein goldener Chip ins Hirn, ein Datenaustausch innerster Gewissheit geschah ihm. Er hört, was Israels Könige bei ihrer Inthronisation zu hören bekamen: »Du bist mein lieber Sohn, den ich heute gezeugt habe, an dem ich Freude habe« (Psalm 2, 7).

Jesus taucht ins Wasser als Nobody und taucht auf in Beglückung: »Gott liebt mich und braucht mich« ist seine Gewissheit. Herausgezogen aus den Fluten des Sinnlosen sieht sich Jesus nicht mehr nur als Kind von schlechten-rechten Eltern, sondern als Sohn Gottes. Und Jesus weiß, was er zu tun hat: Er hat den Mitmenschen dies Zu-Gott-Gehören mitzuteilen. Zeichen der Gottesverwandtschaft teilt er aus. Er teilt Freude, teilt Lasten, traut Menschen zu, gut für sich und andere zu denken und zu handeln.

Ich bin getauft. Der Ritus ist vollzogen, dass Gott mich in seine Verwandtschaft adoptiert hat, mich aus dem Wasser des Unwertseins gezogen hat. Aber diese Gewissheit ist kein Fertiges, Christsein ist ein Werden, »ein tägliches In-die-Taufe-Kriechen« (Martin Luther). Das meint: Sich immer neu von Gott am Schopf gepackt sehen und aus dem Lähmenden gezogen. Sieh dich am Schopf gepackt, richte dich auf, Kind Gottes.

Und dann kannst du einiges einfach nicht mehr tun. Und einiges springt dir von der Hand, und keiner muss dir sagen, was richtig ist. Und einiges kannst du lassen, wie es ist; kannst auch dich sein lassen; ja, kannst dich geliebt sein lassen; lass dir nicht mehr reinreden, lass dich nicht mehr verwirren: Ohne Wenn und Aber bist du Gottes geliebtes Kind. Dessen werde dir inne oft am Tage: du, noch nicht im Paradies, du wie Jesus bei den wilden Tieren in der Wüste. Doch die Engel dienen dir.

Jesus geht zur Meditation in die Wüste, er wird versucht, was heißt, er sucht sich, muss sich selber finden, mit Schatten und Trieben und Wildheit. (Siehe auch Eugen Drewermann: »Jesus von Nazareth«.) Und die Engel dienen ihm, das heißt: Er kann das Wilde zähmen, er muss es nicht meiden, verdrängen; auch die Engel, viele gute Mächte, dienen dir, helfen dir, gern du zu sein.

23

Vergewisserung, wer Gott sei, wer ich in Gott sei

»Von allen Seiten umgibst du mich« (Psalm 139, 5).

Das Bild ist vom Kind im Mutterleib genommen: Von allen Seiten ist es umgeben, geschützt, genährt, und in Zwiesprache zwei sind sie und doch eins, und die Hand darüber, wie ein Dach. Ja, so stell ich mir Gott vor, stelle mich in Gott so vor. Seine Energie und Liebe lassen mich gedeihen und schützen mich. Und mein Können keimt aus ihm, dem Lebensgrund.

Du sollst dir von Gott kein Bildnis machen, weil Bilder ja Vergangenes festhalten. Aber uns erzählen die alten Erfahrungen mit Gott, das dürfen wir schon. Wie er die Welt erschafft als der große Gärtner und nach der Sintflut den Regenbogen in die Wolken malt und die Kinder Israels ins Gelobte Land führt und in Jesus Kranke heilt und ans Kreuz geht. Erzählen von den zurückliegenden großen Taten Gottes tut gut, doch wir sollen nicht meinen, wir müssten Gott aus der Vergangenheit in die Zukunft ziehen.

Nicht, dass wir ihn vergegenwärtigen müssten. Gott zieht von jetzt nach gleich, er ist die Zugkraft nach vorn, er betreibt die Zeit. Gerade in dem, was wir jetzt erleben, treffen wir ihn. In dem, was uns gerade geschieht, trifft uns der Wegbereiter des Lebendigen und zieht uns an unsern Wünschen und Ängsten vorwärts, er, der Treiber des Werdens.

Der dehnt das Sein in die Zeit, kleidet das Wesen in Gestalt, gibt allem seine Frist, gab auch Diana ihre Zeit und Mutter Teresa ihre Zeit, nahm eine zur Mutter zweier Prinzensöhne und die andere zur Mutter vieler verstoßener Kinder, schenkte und mutete beiden zu je ihr Lieben und Geliebtsein, lief beide Lebensläufe mit, schaute uns aus beiden Antlitzen an. Auch ihrer beider Verwickeltsein in Zeit endete, und sie sind vorweggenommen in ein Haus von Licht.

Wir aber sind noch hier auf der Strecke. Uns will Gott noch hier, dass wir mit klarem Verstand und heißem Herzen das Leben bestellen und ihm Freude abringen. Was wiederum macht, dass auch Gott das Leben noch mehr liebt. Vielleicht ist ja die ganze Welt erschaffen, damit Gott sich fühlt. Sagt man nicht, er schlafe im Stein, er atme in der Pflanze, träume im Tier, erwache im Menschen? Gott fühlt sich doch darin bestätigt, dass seine Kreatur myriadenfältig den Lobgesang singt und sie einander schützen und kosen und schön machen. Damit wir gern da sind, du gern du bist und ich gern ich bin, darum umgibt er uns ja von allen Seiten mit guter Wirklichkeit und hält seine Hand noch liebend über uns. Dies Umfasstsein muss ich einfach noch mehr mir gefallen lassen, muss es mehr fühlen, das Fühlen mir zu Gemüte führen, es ist ja da, es geschieht, ich muss es nur merken. Dazu helfen Bilder von Gottes Umfassen. Bilder, wie Gott sich spüren lässt: z. B. als Sonne oder als Schwangere oder als das Meer.

Sonne umfasst uns, betreibt uns. Kein Wunder, wenn Menschen die Sonne als Inbild der Kraft anbeten. Aber sie ist nun mal kein wollendes Wesen. Darum, statt der Sonne zu danken, lasst uns für die Sonne danken, danken dem Erfinder und Betreiber der Millionen Sonnen. Er umfasst uns mittels der Wärme seiner Sonne.

Und das andere Bild: Gott, die mit der Wirklichkeit Schwangere, und wir darin; wir sind umspült, umrauscht, umschlossen; sie ist uns Umgebung, ist uns Behausung, und sie ist uns auch noch das andere, das noch von außen die Hand über mich legt. Gott sehen als Schwangere, die die Welt in sich trägt und auch noch in sich birgt seine unerwachten Gedanken (Rainer Maria Rilke) und die kommenden Geschlechter.

So Gott sehen, das wünsch ich mir und dir. Nicht als einen fernen jenseitigen Weltenarchitekten, nicht als Theaterdirektor des Schicksals, nicht als Versuchsanordner, der die Freud- und Leid-Ergebnisse beobachtet und auswertet. Wir dürfen Gott glauben als die mit der Welt Schwangergehende, die der Welt Mühen und Freuden trägt, die auch mich und dich birgt und in sich hat.

Und dafür passt das Meer als ergänzendes Bild gut. Gott hat uns, wie das Meer die Fische in sich hat. Das Wasser birgt und enthält die Fische, die gleichzeitig dieses Wasser durchfahren. Wasser hält und trägt sie, nährt sie, und sie haben es in sich, ja sie bestehen daraus, zerfallen wieder darein. Ob die Fische davon wissen, ist nicht wichtig. Ob der Mensch vom In-Gott-Sein weiß, ist auch nicht das Wichtigste; Hauptsache, es ist so.

Die Sonne, die Schwangere, das Meer – drei Bilder für Gott: Die Sonne steht für Energie, das Meer für das Umfassende und die Schwangere: ja, sie gebiert ein Stück von ihr, und doch soll es ein eigener Mensch werden. Dies Schützend-Dienende der Schwangeren rührt uns alle wohl am meisten an. Schon unsere Vorfahren und Vorbeter von Psalm 139 glaubten Gott so; und ich will ihn mir auch so sein lassen, so geschehen lassen. Nicht ich bilde ihn mir ein, sondern er schafft mich, er bildet sich in mich ein, er füllt in mich etwas von seinen Begabungen, auch die Begabung, ihn zu wissen, und lässt mich dann frei, ich selbst zu werden.

Religion ist die Idee von Gott in mir, dieser Funke, der uns zu Menschen macht. Anders als irdische Mütter aber geht Gott noch mit uns als der Raum, als die Zeit, geht mit uns als Raumzeit, als Zeitraum, darin du und ich gerade auch jetzt von guten Mächten wunderbar geborgen sind. Ich möchte Gott so glauben, so schützend und freigebend, als das Kraftfeld, darin Welt und du, ich, wir sind; jeder ein Teil davon und zusammen wir der Leib Gottes.

Es wird viel gelitten in der Welt. Die Leidenden schreien in Gott. Das Herz aller Dinge weint letztlich die Tränen der Welt. Gott windet sich noch im Schwangergehen mit der Welt, er gebiert doch erst noch die Schöpfung zu Ende.

Was fürs Ganze gilt, gilt auch im Einzelnen. Jesus, dieser leuchtende Mensch, hat doch vorgemacht, dass das Leben mit dem Sterben als Ausgang ein Zuendegeborenwerden ist zur vollen Sohn- und Tochterschaft. Bis dahin, bis zur herrlichen Freiheit der Kinder Gottes seufzt alle Kreatur und darin Gott selbst.

Dies Wissen ist so stärkend: Der mich von allen Seiten umgibt, der leidet mit mir und ich mit ihm, in ihm. Darum ist Leid niemals das letzte Ende; niemals ist das finstere Tal Endstation, wenn Gott mitgeht. Und alle Schluchten sind in Gott, darum sind sie keine Sackgassen. Und er führt wieder heraus, wieder, immer wieder zur grünen Aue, zu frischem Wasser. Wir haben's doch erlebt: Viel mehr Gutes als Schlechtes ist dir und mir im Leben widerfahren.

Zehn-, zwanzigmal am Tag mich als dankbar bemerken, das hilft gegen Missmut aller Art. Und stärkend ist auch, mich als Mitarbeiter Gottes zu wissen. Den ganzen Tag könnte man Gott beim Helfen helfen. – Nicht dass wir ungeschoren davongekommen wären bis jetzt, aber die Abschiede waren auch Neuanfang, die Niederlagen auch nötig. Im Nachhinein jedenfalls ist mir's ins Herz gefallen, dass die Zumutungen mir fällig waren. Ich will nicht mit dem Schicksal hadern, sondern eher mit den eigenen Wünschen, will diese besser vor Gott ins Gebet nehmen. Der weiß doch, der umgibt mich von allen Seiten, mit meiner Unruhe hüllt er mich ein.

Weiß Gott um mich, um dich persönlich? Jesus sagt, er weiß um jeden Sperling, auch die Haare auf unserm Kopf sind gezählt (Mt 10, 30). Wie könnte man das verstehen? Nicht so banal, dass Gott von außen schaut und kontrolliert und Daten sammelt. Sondern das Sein ist Gottes Leib; alles, was ist, ist in ihm. Wie mein Ich um eine Schramme an meinem Zeh weiß, so weiß Gott um mich mit der Schramme am Zeh. Gott erstreckt sich in allem, er ist das Zentralgefühl des Seins, das Lebendige des Lebens.

Ich halte Gott für allmächtig, aber mein Gott steuert nicht alles durch je einzelne Willensakte. Luther sagt: »Er macht, dass sich die Dinge selber machen.« Es ist wie mit seinen Wasserläufen, sie finden ins Meer, von da wieder zurück mittels Verdunstung. Gott ruft seine Kinder ins Leben mittels der Eltern, die sich dem Leben hinhalten. Erbgut, Erziehung, Situation, Natur, Geschichte sind die Zutaten, aus denen Gott das Leben kocht. Alles hängt zusammen. Und der ganze Zusammenhang sind Gott und du und ich in ihm.

Auch das Böse, Hässliche, Zerstörende, Tötende gehören in diesen Gotteszusammenhang. Das Böse reißt nicht aus ihm heraus in ein schwarzes Loch jenseits des Guten Gottes. »Hinabgestiegen in das Reich des Todes« – diese alte Bekenntnisformel sichert den Zusammenhang: Auch was gottfern scheint, bleibt angedockt an das Gute, wird heimgeholt und letztendlich heil gemacht.

Warum der gute, ganze Gott noch viel Böses, viel Verneinendes mit im Gepäck hat, weiß ich nicht, aber dass Gott es am eigenen Leib leidet, glaube ich.

Darum ja ist Gott auch das Gute des Bösen. Das Böse ist kein eigenes Sein (Augustinus), geschweige denn ein Gegengott, es ist nur vorübergehende Verneinung. Die Schatten des Bösen treiben ihr Unwesen nur so lange, bis die Welt ganz und gar von Gottes Lieben ausgeleuchtet ist. Manchem kann's vor Dunkel ganz schwarz werden, aber es kann uns nichts scheiden von der Kraft, die zusammenhält – ich glaube das dem Jesus hinterdrein. Und du bitte auch; quäl dich nicht so mit deinen Zweifeln.

Erprob es, lass es dir wahr sein: Sieh dich von allen Seiten schützend umgeben. Das musst du dir doch nicht einreden; nur einfach dass du dich nicht mehr zufrieden gibst mit deiner Seelenarmut, darauf kommt es an. Man glaubt ja nicht, wie viel man glauben muss, um ungläubig zu sein (M. Faulhaber). Setz drauf; lass dich lieben von Gott und der Welt. Feier, dass du du bist, geliebt, gebraucht, geliebt, gebraucht – sing dies Wiegenlied der Zuversicht: Geliebt, gebraucht, geliebt ...

Du brauchst Geist, der Geist braucht dich

»Ihr habt nicht einen knechtischen Geist empfangen, dass ihr euch wieder ducken müsstet. Ihr habt einen vertrauensvollen, kindhaften Geist empfangen, durch den wir rufen: Gott, lieber mütterlicher Vater. Der Geist hilft unsrer Schwachheit auf« – so Paulus im Römerbrief 8, 15.26.

Die ersten Christen waren ziemlich eingeschüchtert, weil ja ihr Jesus, der ihnen eine neue Art zu leben beibrachte, nicht mehr hautnah anwesend war, und sie hatten noch keine Erfahrung mit seinem Geist, waren noch nicht von dem Geheimnis erfasst, dass er in seinem Werk dableibt und in denen, die dies Werk tun. Und wie sie wieder so stumm und traurig dasaßen, zerreißt plötzlich ein Brausen die bleierne Zeit. Sie werden füreinander entzückt, sie fangen an, füreinander zu leuchten. Sie spüren: Energie verwebt uns, als ein Herz und eine Seele fühlen sie sich; es ist ihnen, als schwebten Flammen über ihren Häuptern; so waren sie füreinander entzündet und wussten alles voneinander und fühlten wie mit einem Leib. Auch Ausländer sahen sich aufgenommen, das Fremde war verflogen: »Ein jeder hörte jeden die großen Taten Gottes reden« (Apg 2, 11).

Es trifft sich gut, dass Kirche ihren Geburtstag an Pfingsten feiert. Dieses Fest des Verstehens ist Feiertag der Kommunikation. Damals in der Urkirche, so erzählte man sich idealisierend, waren alle von einer Energie beseelt: Heiliger Geist setzt sich als Lohe auf einen jeden, schmilzt die Widerstände ein, macht die Ichs liquide. Und was denen damals glückte, soll uns auch passieren. Du brauchst Geist; der Geist braucht dich.

Heiligen Geist ersehnen wir und erlebten ihn schon, er ging uns aus, wird wieder von uns erbeten – letztlich ist es die Liebe, die uns füreinander aufschließt. Wir wissen, was dem andern gut tut, was ihn bedruckt. Wir werden einander »Gehilfen der Freude« (2 Kor 1, 24). Die Liebe setzt unsere Begabungen füreinander in Kraft, macht unsere Eigenwilligkeiten passabel, unsere Selbstsucht sozial.

Welche sagen, das Geld sei heute an die Stelle der Liebe getreten. Aber ist es nicht anders? Geld erhöht nur die Fließfähigkeit der Leistungen und Waren. Geld macht uns auch rührig, fünf Minuten früher als andere um die Ecke zu gucken. Aber eigentlich treibt uns nicht das Geldfischen, sondern wir wollen geliebt sein. Doch wenn uns nicht der Geist aushilft, dann treibt uns Stolz und Scham; Irrtum wird schnell in schlechtes Gewissen verwandelt, jeder Erfolg in Angeberei. Das sind die Fehlfarben der Liebe; dies blöde Konkurrieren und Neiden und Hofieren kommt aus dem Argwohn, vom Schicksal zweitrangig behandelt zu werden – da brauchst du Geist, der Geist braucht dich. Du merkst doch, ein besseres Vertrauen, ein tieferes Wissen wächst in dir: Heiliger Geist legt dich/mich an Gottes Brust, dämpft deinen Argwohn, lässt dich Selbstbewusstein saugen: Ich bin wer und darf anders sein und kann mir genügen lassen.

Geist steckt uns mit Lust an, einander gut zu sein. Einander erfreuen, einander einen Mangel abstellen, auch miteinander tauschen, Freude teilen, im weitesten Sinne uns gegenseitig von Nutzen sein wollen, das ist dann unser Metier. Das ist doch Lieben, Gottes schönste Inbrunst, heruntergeschaltet auf uns Erdlinge.

Du brauchst Geist, der Geist braucht dich. Das Denkzeug Computer entriegelt die Stirn, erhöht die Fließfähigkeit des Wissens, Handys machen erreichbarer, es ist viel Wille bei uns, zu verstehen. Aber wer *online* ist, hat damit noch keinen Draht zum andern, wer immer erreichbar ist, ist längst nicht immer gefragt, fragt längst nicht auch viel nach anderen. Dramatisch wichtig ist: In welchem Geist benutzt du dein Wissen, treibst du dein Geschäft?

Wir haben mit Hochwirksamem zu tun, wenn wir verstehen und verstanden werden: Dann sind die großen Taten Gottes in Aktion. Dann geht es um das Gutsein des Lebens, und ich und du sind ein Quantum Energie, das mit in die Waagschale geworfen wird.

Du brauchst Geist, der Geist braucht dich. Du bist nicht der Sinn des Lebens, sondern du hilfst dem Leben zum Sinn. Dem Guten gibst du Körper, Stimme, Hände; Begeisterung setzt du um in Hilfe; vielleicht bringst du in Arbeit; machst, dass auch andere ihr Talent loswerden können; du machst schön; du gibst einen tröstenden, befreienden Gedanken mit, und er/sie kann sich besser leiden als vorher; du hörst zu, das macht sie wichtig; du lädst ihn zu dir, das macht auch ihn gastfreundlich; du hilfst einem, seine Meinung zu sagen, das macht die Wahrheit größer.

Willst du mehr Heiligen Geist? Hier einige Schritte zu mehr Geist: Wenn du dies liest, und es flirrt in dir ein Zustimmen, dann spür, wie deine Seele hungert nach Religion; gib dir mehr Zeit für Nachdenken und entdecke wieder deine Gemeinde.

Ein anderes: Wenn das Gespräch in der Runde so dahinplätschert und auf einmal ein Thema euch anfliegt, das das Herz streift, dann wisch es nicht weg, wittere die Wichtigkeit an deiner eigenen Unsicherheit. Hilf zum ernsthaften Gespräch. Und nimm mehr wahr: Du siehst Bäume, umarme mal wieder einen, lehne dich an ihn; und

Staunen stellt sich bei dir ein, dass Natur stark ist. Die Dinge haben eine Botschaft bei sich. So bringt der Baum dir verbrauchten Glaubensmut zurück, wenn du das innere Gespräch bei dir zulässt.

Heiliger Geist souffliert dir: Wenn das Leben mit dem Baum noch was vorhat, dann bin ich, der dies merkt, doch auch wichtig. Geist spielt dir die Frage ein: Was blüht denn dir noch? Was soll noch Frucht werden bei dir?

Du brauchst Geist, der Geist braucht dich, damit was bei dir anfängt – ein Fragen, ein Staunen, ein Mühen, ein Befreunden, ein Bescheiden. Deine Selbstsüchteleien, wenn du sie nicht abtun kannst, aber loswerden willst – der Heilige Geist lässt sie schrumpfen, da sorg dich nicht. Du brauchst nur anzufangen, anderen mehr Vortritt zu lassen, sie eher zu grüßen, keinen mehr einzuschüchtern.

Du brauchst Geist, der Geist braucht dich. »Freudenmeister« heißt er im Gesangbuch, er kommt als das Vergnügen in dir, gern du zu sein. Geist stimmt mittels deiner den ganzen Umkreis froh: Geistbegabte Freude strahlt Glücklichsein aus und entwaffnet, heilt Zerfallenheit; verschönt auch den Ruppigen, macht den Ungeschickten noch geschmeidig.

Wenn du mehr Geist willst, dann tu was für dich: Glaub dich als Kind Gottes, Geschwister Jesu, und du erlangst ein herrliches Selbstbewusstsein. Du kommst los von Einflüsterungen und wahnbehauchten Hitlisten. Du siehst dich und den neben dir als gottvoll, als heilig, in welch garstiger Maske er sich auch darstelle. Hilf ihm zu seinem besseren Selbst, und du wirst glücklich, du Kompagnon des Schöpfers. Wer sich mit Menschen einlässt, der wird auch müde und enttäuscht – wir sind ja sperrige Wesen, aus krummem Holz geschnitzt. Aber in Gottes Team hast du aufrechten Gang.

Wenn wir unsere Kinder lieben, auch wenn sie schwierig sind, will Gott erst recht auch uns Schwierige. Er hat sich viel Ärger und Verachtung eingehandelt mit uns, seiner frechen Brut, aber er lässt nicht davon ab, uns mit seinem Heiligen Geist zu beatmen und zu befeuern. So nimm deine Portion Heiligen Geist; du weißt selbst, wofür du ihn am nötigsten brauchst.

31

Gottes Wille und Menschenwille, dazu Gut und Böse – wie geht das zusammen?

»Schaffet, denn Gott schafft« das herrlich absurde »Denn«

Wie Gottes Wille und Menschentun zusammengehören, diese Frage hält uns in Bewegung. Eine Position ist ja, alles ist Wille Gottes, Kismet, Schicksal; Menschenwille sei nur Tand. Die Gegenposition könnte lauten: Alles ist Menschenwille, Gott ist abhängig vom Menschen, wenn er nicht gar umgebracht worden ist und wir allein sind. Paulus dagegen sagt: »Schaffet, denn Gott schafft in euch.« Genauer: »Schaffet, dass ihr selig werdet mit Furcht und Zittern, denn Gott ist es, der in euch ausrichtet beides, das Wollen und das Vollbringen nach seinem Wohlgefallen« (Phil 2, 12.13).

Vielleicht also: Schaffet, denn Gott wird in uns fertig, wird mit uns fertig, wird gegen uns fertig!

Es gab Zeiten, da meinte man, Gott allein sei zuständig für alles. Er berief die Herrscher, stattete mit Ämtern und Würden aus, er gab oder verweigerte die Kinder, er steuerte die Natur. Gut, dass wir von diesem schlichten Eins-zu-eins-Allmachtsglauben weg sind. Denn tief unglücklich sind wir ja geworden mit diesem Zwangsgedanken, der uns dauernd Ausrede war – wir konnten von uns wegweisen, warum wir kein ordentliches Zusammenleben hinbekommen: Kriege seien gottgegeben, natürlich sei der »Erbfeind« Frankreich, so haben es unsere Großeltern noch gelernt; Krankheiten galten als verhängt (was Bruder Papst von Aids wohl auch noch meint).

Im christlich geprägten Europa hat man langsam gelernt, Verantwortung zu tragen und Demokratie zu leben. Privat wollen wir so ziemlich alles und jedes steuern und regeln und gegen das Nichtregelbare wollen wir uns versichern. Wir haben es ganz schwer, uns zu überlassen und auszuliefern. In einem zauberhaften Film »Keiner liebt mich« phantasiert die Frau, den Mann im Arm, dass sie sich gar nicht hingeben könne, weil so viele Gedanken immer mitregieren. So wie einige es nicht schaffen, beim Gebet im Gottesdienst die Augen zu schließen; sie meinen, alles unter Kontrolle halten zu müssen.

Und wir haben ja auch den Auftrag: Macht euch die Erde untertan (1 Mose 1, 28). Dieser Auftrag hat enormes naturwissenschaftliches Wissen angehäuft und zu diesem Wissen gehört seine Kontrolle.

Früher konnte man nicht viel falsch machen. Auch wenn Krieg war, lief der sich bald tot, weil die Entfernungen zu groß waren; man hat aus Erschöpfung bald voneinander abgelassen. Aber heute kann ein entsicherter Code Atombomben loslassen, ein den Versuchskammern entwichener Virus Verheerungen auslösen.

Früher wussten wir nicht viel. Krankheiten, Erdbeben, Heuschreckenplagen, Mehltau waren als gottgegeben hingenommen. Doch was uns nur Verurteilung zur Passivität scheint, war auch erstes Beeinflussen. Wenn Gott straft, dann war man schon nicht mehr leeren zufälligen Kräften ausgeliefert; sobald man den Namen kannte des Verfügenden, konnte man sich ihm zu nähern versuchen, konnte durch Opfer, Gebete, Prozessionen Einfluss nehmen, lernte auch zu beobachten, lernte auch Hygiene.

Uns hat die Aufklärung wohl erreicht. Wir sind zu einem mündigen erwachsenen Glauben hinbefohlen. Heute müssen wir, Gott sei Dank, nicht mehr Gott schuldig sprechen für so vieles. Wir können und müssen uns als Täter erkennen. Ozonloch und Hautkrebs – wir wissen, wie es zusammenhängt; Alkohol und Autofahren, Rauchen und Lungenkrebs, chancenlose Jugend und Kriminalitätserwartung. Wenn die Kontinentalschollen übereinander kratzen, muss es darüber wackeln. Und wenn Menschen auf einer Erdspalte wohnen und sich festkrallen dort, obwohl sie wissen, dass das große Beben kommen wird – ist das dann Gottvertrauen oder Gottversuchen – uns wird es schon nicht treffen?

Wir werden trotz Wissen um die physischen Zusammenhänge letztlich Gott verantwortlich machen. Es hat etwas Kindliches an sich, aber das technische Wissen trägt uns nicht. Im Innersten sind wir Nestflüchter Gottes und bitten, dass er die Hand über uns hält. Andererseits brocken wir einander Krieg ein, produzieren selbstherrlich Geschichte, als ob es Gott nicht gäbe.

Wir waren jahrhundertelang geprägt durch eine vulgäre Theologie, die sagte, dass Gott allein regiere. Wem Gott ein Amt gibt, dem gibt er auch die Gnade, hieß es. Dabei gibt es doch Amtsanmaßung und Überforderung und Amtsmissbrauch. Einer wächst an seinen Aufgaben, einer zerbricht daran. Man meinte, Gott habe sich festgelegt auf die jeweilige Monarchie, so musste die Erbfolge eingehalten werden, egal ob einer was taugte oder nicht. Heute vergeben wir Ämter auf Zeit und hoffen auch, dass es in Gottes Sinne ist, vor allem die Abwahl, wenn sie nötig scheint.

Wir haben gelernt, dass der Mensch mit viel Zuständigkeit bedacht ist. Wenn wir unsere Kinder erziehen für den Schulgang, dann erzählen wir ihnen nicht, dass ein Engel neben ihnen geht und auf sie aufpasst, sondern wir werden mit den Kindern den sichersten Weg einüben. Die Engel haben genug damit zu tun, uns hellwach zu halten, Gefahr einzuschätzen und uns zu Rücksicht anzuleiten.

Wir müssen zur Eigenverantwortung kommen. Aber müssen wir auch glauben, dass wir selber die Verursacher von allem sind? Das Wort spielt uns doch Illusionen vor. Ur-Sache heißt die erste Sache, der Anfang, der Ursprung. Wovon ist denn wer Verursacher? Wir sind alle nur Verwandler, Veränderer, Anhäufer, Anrührer, Experimentierer von etwas. Unsere Ursachen sind immer auch Folgen und Fortsetzungen. Wir sind als Täter immer auch Opfer und als Opfer oft in Maßen auch Mittäter.

Bin ich denn mein eigener Verursacher? Bin ich Verursacher meiner Kinder? Wir waren doch nicht Schöpfer, sondern sind vom Leben bestimmt worden zu Eltern. Und die Liebe? Wer macht denn, dass zwei sich mögen? Die beiden erleben sich bestenfalls als zueinander hingewürfelt.

Wir bleiben zur Verantwortung berufen, aber bleiben gleichzeitig Begabte, Begrenzte, mit Fähigkeiten Ausgestattete, auch in Schuld Gesandte. Wir haben Verantwortung im Rahmen unseres Wissens und unserer Kräfte bekommen und haben begrenzte Prokura. Im Vergleich zum Tier haben wir viel Spielraum, sind fast Freigelassene und sind doch abhängig von Gott. Wie das zusammenpasst?

Wir müssen schaffen, als gäbe es keinen Gott, und wir müssen glauben, als nützte kein Arbeiten. Beim Examen, bei einer Prüfung, beim Geldverdienen müssen wir uns doch verhalten, als gäbe es keinen Wundertäter über uns. Und gleichzeitig müssen wir so intensiv glauben, dass wir in guter Stunde, vom Schicksal begünstigt, es jetzt schaffen werden; müssen glauben, dass wir gewollt sind und genau hier in dieser Prüfung richtig sind; und dass es gut ist, überhaupt zu leben.

Bei aller Überzeugung, dass es jetzt auf mich ankommt, muss ich mich vom Leben für gewollt halten, sonst wird mein erster Rechenfehler mir allen Mut aus den Segeln meines Lebensschiffchens nehmen. Alle Arbeit braucht Hoffnung als Antrieb. Wie der Weitspringer doch zum weiten Sprung getragen wird eben von der Hoffnung auf den Sieg. Hoffen beraumt immer das Unwägbare mit ein, dass es günstig mir gefügt sei, und lässt üben. So ist beides, Beten und Kämpfen, unser Los. »Bete, aber fahre fort, ans andere Ufer zu rudern.« Also schaffen, ohne auf wunderbare Eingriffe zu hoffen, und dabei glauben an Gott den Allmächtigen, der bis in unsere Fingerspitzen regiert.

Wie das zusammenpasst, das ist das Drama.

Paulus sagt, das eine hängt am anderen, *denn* Gott schafft in euch. Es ist für mich das aberwitzigste, wunderbarste *denn*. Schaffe, als gäbe es keinen Gott, denn (weil) Gott schafft in dir.

Das eine ist: Schaffet, dass ihr selig werdet! Also besorgt eure Rettung. Erkämpft euer Zurechtkommen. Sorgt, dass ihr in den Himmel kommt. Wie lange Sünde drückt, bedenkt vor der Tat. Wie viel Wunden schlägt die Schuld – bedenkt das und wie lange Leiden gelitten werden. »Schaffet, dass ihr euch zeigen könnt mit euren

Taten, sodass sie euren Vater im Himmel loben« (Mt 5, 16). Große Musik – mit Hingabe trainiert, dann gut gespielt, ist die beste Reklame für Gott. Gut erzogene Kinder, die sich also lebenslang selbst erziehen, sind ein Segen. Und »Gerechtigkeit erhöht ein Volk« (Spr 14, 34). – Schuftet mit Furcht und Zittern, das ist höchste Alarmstufe. Wehe, wenn du Gottes Zeit verprasst. Wehe, wenn dein Fehlgriff ein Kind zu Schaden bringt. Wehe, wenn dein Wegucken Finsterlinge ermutigt, Ausländer zu jagen. Schaffet, als käme es allein auf euch an.

Das ist das eine. Und das andere ist: Gott schafft in euch das Wollen und das Vollbringen. Dein Wollen ist von Gott bewirkt. Doch selbst Konfirmanden sagen sofort: Und wenn ich was Böses will, wenn ich meinem Bruder die Augen auskratzen will, ist das denn auch von Gott gewollt? Erst mal: Alles Gute von dir, der gebackene Kuchen und das von dir gerettete Menschenleben, alles Gute ist verursacht von mehr als dir selbst. Jeder Retter weiß: Ich tat nur meine Pflicht; es ist Gnade gewesen, dass ich an Ort und Stelle war, die richtigen Griffe setzte. Wir wissen im tiefsten Grund, dass wir keine Urheberrechte haben an dem Guten, das durch uns geschieht.

Was wir zustande bringen, ist doch ein Filz aus Begabung und Geschick und Geistesgegenwart und Eigennutz und Kairos – dem guten Augenblick, dem richtigen, dem einzig möglichen. Und das gute Team und der gute Zustand des Platzes und die guten Vorlagen, die Einfälle. Wir sind doch bestenfalls gute Verwandler wie im Fußballspiel. Und Dirigenten, Chirurgen, Busfahrer, Politiker wissen doch: Die gute Hand muss von guten Mächten geführt sein.

Und das Böse? Richtet Gott in uns Böses an? Wohl nicht. Aber Gott räumt uns Macht ein, auch Böses zu tun. Pilatus sagt: »Habe ich nicht Macht, dich zu kreuzigen?« Und Jesus sagt: »Du hättest keine Macht, wenn sie dir nicht von oben gegeben wäre« (Joh 19, 11) – ich ergänze: also nutz deine Macht in Gottes Sinn.

Ja, »alle Obrigkeit ist von Gott« (Römer 13, 1). Auch der demokratisch gewählte Kanzler darf (und soll) sich von Gott an seinen Platz gestellt wissen. Gott nutzt unsere Verfahren, seine Leute durchzubringen, bzw. macht unsere Gewählten zu seinen Beauftragten – wie er auch »auf den Fittichen des Windes kommt und Feuerflammen zu seinen Dienern macht« (Psalm 104, 3.4) – und badet unsere Entscheidungen mit aus, erleidet sie mit. Wenn die Regierenden Unrecht tun oder ihre Unfähigkeit erweisen, wird die Bevölkerung die Leitenden abberufen, und die Leitenden werden hoffentlich diese Entscheidung als Willen Gottes begreifen.

Gott sei Dank haben einige Christen im Dritten Reich anglauben können gegen die herrschende Meinung und haben Widerstand organisiert und ein Attentat auf Hitler gewagt, obwohl sie keine Garantie hatten, wie Gott es sehe. Keiner ist ja mit einer Nabelschnur an Gott angeschlossen, und niemand kann behaupten, dass er sein Wort aus Gottes Mund pflücke, selbst wenn er nur Bibelwörter zitiert. Auf eigene Faust muss gehandelt sein in Not. Ob sich Gott identifiziert mit meinem und deinem Tun, behält sich Gott vor. Aber er macht Mut zum Guten, und innen ist er unser gewissester Gefährte.

Klar ist: Wenn wir Böses tun und Leid in die Welt setzen, dann fragen wir uns hinterher: Warum hat Gott mich nicht mehr ermahnt, warum hat er mich denn so viele rote Ampeln überfahren lassen? Und die anderen fragen sowieso: Wie kann Gott das zulassen, wie kann Gott solche Mörder zulassen? Alles fällt auf Gott zurück, das ist sein Metier. Abel hat auch gefragt im letzten Augenblick: Wie kann Gott mir so einen Kain zum Bruder geben? Gott hat sein letztendliches Verantwortlichsein für Kain ja bestätigt, indem er ihm sein Zeichen gab. Und Jesus schreit am Kreuz: »Warum hast du mich verlassen?« (Mk 15, 34) Gott ist eben letzte Adresse für Klage – und Dank, darum ist er auch so unermesslich nötig für uns. Das ist kein Gottesbeweis, aber denknotwendig ist er, sonst wären wir alle an allem allein schuld. Und wer kann das tragen, ohne sofort sich zu verneinen? Wir sind beim Guten wie beim Bösen nicht Urheber. Wir sind Beschenkte, Begünstigte, Begabte, Beauftragte und Angestiftete, Hingerissene, Besessene, Krankgemachte, Beleidigte, Hilflose, die zur Gewalt greifen.

Die meisten Diebstähle geschehen ja aus Liebe: Einmal wollen sie großzügig sein können, einmal bewundert und bedankt sein, wenn sie Beute austeilen. Die meisten Lügen schönen. Und wie viel Charakterschwäche, Unart und Borniertheit wird weitergegeben in die nächste Generation – Erbsünde genannt? Ich bin doch von vielen Einflüssen angereichert, von vielen Hämmern geschmiedet; bin auch Mitautor des Nächsten – wie ich ihn sehe, so scheint er mir, und das färbt auf ihn ab; er scheint mir arrogant, dabei ist sein abwartendes Schauen nur Antwort auf mein von ihm als abweisend empfundenes Gucken. – Jedenfalls sind wir am Bösen wie am Guten des Nächsten mitbeteiligt. Ich habe einen kurz abgefertigt am Telefon, der beschuldigt einen Kollegen wegen einer Unhöflichkeit, der steigt wutentbrannt ins Auto und verursacht einen Unfall. – Wir sagen das so – »verursacht« –, dabei waren doch viele Urheber am Werk, und letzten Endes immer Gott, weil er ja von allem der letzte Grund ist.

Letztendlich ist Gott der einzige Verursacher überhaupt, und wir sind nur Mitmischer. Ich halte uns einfach nicht für letztlich verantwortlich. Ich glaube, dass Gott uns genau das am Kreuz zeigt, dass er die Schuld an uns Menschen übernimmt, dass er die Schuld von uns Menschen übernimmt, dass er für die Schuld haftet am eigenen Leib.

Es bleibt ein Geheimnis zwischen Gott und dem Bösen. Es ist die Beschädigung, die Gott sich antut: Weil er liebt, will er uns groß; weil er uns groß will, will er uns mit Freiheit. Und wir wären nicht frei, wenn wir nicht die Möglichkeit hätten zum Bösen. Aber Gott beschädigt sich selbst damit. So ist Gott einverwoben in das Gute und in das Böse, das wir tun. Darum ist es so wichtig, dass wir Gutes schaffen, so viel wie möglich. Warum? Weil wir Gott damit helfen.

Schaffet, denn Gott richtet es in euch aus. Ich verstehe es als eine große Einladung zu einem mutigen Dasein mit Beten und Kämpfen, mit Schuften und Feiern, mit intensivem Sosein, wie du bist, mit glücklichem Talent und tragischer Besessenheit, mit extremem Drängen nach Erkenntnis und Zulassen auch der Macht des Irrationalen. Gott schafft im Wirksamen sein Vollbringen. Also glaub dich als gute Investition Gottes.

Unkraut und Weizen

Wir bitten: »Führe uns nicht in Versuchung, sondern erlöse uns von dem Bösen.« Das klingt nach Gott als Autor auch der bösen Einfälle. Aber Jesus sagt: Gott ist gut, »niemand ist gut außer Gott« (Mk 10, 18), demnach kann nichts Böses aus ihm hervorgehen. Sünde ist Sache der Menschen, Gottes Sache ist Erbarmen. – Im Buch der Weisheit, am Rande des Alten Testamentes, heißt es: »Du erbarmst dich über alle; du kannst alles, und du übersiehst die Sünden der Menschen, damit sie sich bessern sollen. Denn du liebst alles, was ist, du verabscheust nichts von dem, was du gemacht hast, denn du hast nichts bereitet, gegen das du Hass gehabt hättest. Du schonst alles, es gehört dir, du Liebhaber des Lebens« (Weish 11, 23.24.26). Diesen großzügigen mütterlichen Vatergott weiß auch Jesus: Er begründet sein Drängen: »Liebet eure Feinde« – »denn ihr seid Kinder Gottes, und der lässt seine Sonne aufgehen über Böse und Gute und lässt regnen über Gerechte und Ungerechte« (Mt 5, 44 f.).

Dieser Gott führt nicht in Versuchung, stellt uns nicht auf den Prüfstand, um zu testen, wie belastbar wir seien – Gott weiß; »er weiß, was für ein Gebilde wir sind und dass wir Staubgeborene sind« (Psalm 103, 14), allerdings von ihm beatmet.

Wir müssen für uns klar bekommen, wer wir sind, und da gibt es Versuchungen die Fülle, »zu sein wie Gott« (1 Mose 3, 5). Auch Jesus musste sein Maß finden, musste für sich klären, in welchem Maße er sein Sohn-Gottes-Sein zu gestalten hatte. Ob er von der Tempelzinne springen solle, um durch Herzeigen seines Unverletztseins seine Gotteshaltigkeit vorzuführen; oder soll er wunderbarer Brotvermehrer werden und so die Menschen sorgenfrei und auftragslos entmündigen? Oder soll er die böse Masche anbeten, dass der Zweck die Mittel heilige, und mit eiserner Zucht die Menschheit erretten?

39

Jesus sieht sich von Gott durch die Versuchungen geführt. Nur am äußersten Rand meines Glaubens ist mir eine Art Gottesversuchung denkbar: dass ich versucht bin, an Gott selbst zu zweifeln. Das kann passieren, wenn ich in eine Sinnverdunkelung falle, die ich mit Gott verknüpft wissen muss, damit sie nicht überlebensgroß werde und mich verschlinge. Dann kann es sein, ich muss zu meiner Rettung glauben: Wenn mir schon ein Höllenhund ans Leder will, dann soll es wenigstens Gottes Höllenhund sein. So verstehe ich Dietrich Bonhoeffer, der sinngemäß sagte: Er falle nicht in die Hände der Geheimen Staatspolizei, sondern immer nur in Gottes Hände.

»Erlöse uns von dem Bösen« ist dann auch Gebet an den Letzten Grund, der Zeit lässt auch fürs Böse, aber irgendwann auch die Zeit fürs Böse enden lässt. Bis dahin haben wir »bös-gute und gut-böse Menschen« (Robert Musil) das Beste aus unsern Anlagen zu machen.

In einem Gleichnis sagt Jesus: »Das Himmelreich gleicht einem Menschen, der guten Samen auf seinen Acker säte. Als nun die Saat wuchs und Frucht brachte, fand sich auch Unkraut. Da sprachen die Knechte zum Herrn: Hast du nicht guten Samen auf deinen Acker gesät? Woher hat er denn das Unkraut? Er sprach zu ihnen: Das hat ein Feind getan. Da sprachen die Knechte: Willst du, dass wir hingehen und es ausjäten? Er sprach: Nein! damit ihr nicht, wenn ihr das Unkraut ausjätet, zugleich den Weizen mit ausrauft. Lasst beides miteinander wachsen bis zur Ernte« (Mt 13, 24–30 a).

Jesu Geschichten kommen so unscheinbar daher; aber gefragt, was er denn mit ihnen bezwecke, sagt er: »Ich will aussprechen, was verborgen ist vom Anfang der Welt an« (Mt 13, 35). Und tatsächlich zum Verborgenen der Menschheit zählt, wie Gut und Böse zusammengehören.

Wir wollen ja uns trennen vom Bösen, wollen das Boshafte, Schlechte, Unartige, Schädigende abschneiden, wollen uns scheiden von den Üblen. »Wir brauchen härtere Strafen«, heißt die immer populäre Schlagzeile, die Wegschließen, Einsperren, längeres Verwahren hinter Gefängnismauern fordert. Aber wer nach härteren Urteilen gegen Schuldige ruft, scheint wie der Rufer: »Haltet den Dieb« immer auf der richtigen Seite. Böse sind immer die andern, meinen wir leicht, wir ängstigen uns ziemlich vor dem Anderssein. Eben stand in der Zeitung: Ein älterer Autofahrer, als er den Jungen mit grellgrünen Haaren dastehen sah, habe angehalten und ihn erbost geschlagen, so schwer, dass der mit der störenden Frisur sich ein Stück Zunge abbiss. Das Fremde befragt uns, warum wir so sind; es macht uns unsicher.

Um sicherzugehen, auf der richtigen Seite zu sein, sind wir geneigt, uns mit Gleichgesinnten zu umgeben – es ist da ein gegenseitiges Bestätigen und Hochhalten. Nicht zu denen gehören, die den Ton angeben, kann bedrohlich sein in der Klasse, in der Clique, im Geschäftsleben, in allen Gruppen und überhaupt.

Einst konnte es tödlich sein, exkommuniziert zu werden. Bis heute ringen Kirchen immer noch, ob sie ihren Gliedern feste Standards von Gottesdiensten, Gebeten, Diensten, Lebensformen abverlangen sollen. Mitten in der Kirche meinten im Jahr 1996 evangelisch-lutherische Bischöfe, Veto einlegen zu müssen gegen einen Synodenbeschluss, dass für Christen außer der Ehe auch andere auf Dauer angelegte Lebensformen akzeptabel sein können.

In der Urgemeinde war die richtige Abgrenzung eine Frage des Überlebens. Wie viel Gebotstreue ist nötig, um weiter zum Volk des Bundes mit den heiligen Schriften zu gehören, und wie viel Freiheit ist nötig, damit des Christen »neue Kreatur« erkennbar bleibe und Jesus nicht umsonst gestorben sei? Wie großzügig oder eng die Gemeinde ihre Ordnung zu fassen habe, auf diese Frage kann das Gleichnis vom Unkraut und Weizen Antwort gewesen sein. Sollen Freizügige, Unangepasste, ja auch Gesetzesübertreter zur Gemeinde gehören?

Schon in den Urgemeinden gab es auf diese immer moderne Frage (z. B.: Darf die Betreiberin eines Etablissements im Kirchenchor sein?) zwei Antworten. Die Abgrenzenden halten sich an das Jesus-Wort: »Wer nicht für mich ist, ist gegen mich« (Lk 9, 50); die mit dem weiten Herzen hören Jesus sagen: »Wer nicht gegen mich ist, ist für mich« (11, 23) und: »Lasst das Unkraut beim Weizen auch in der Gemeinde.«

Aber mit diesem Gleichnis will Jesus mehr als etwas mehr Güte; er greift tiefer, greift in den Brunnen unserer selbst. Dort befragt er uns: Warum gibt es Gut und Böse in dir? Und: Wenn das Böse auszurotten ist, dann fang doch bei dir an, wie mit dem Balken in deinem Auge (Mt 7, 3). Aber Ausrotten ist nicht die Lösung, die uns zusteht.

Ja, der Weltgrund ist guter Boden, und Gott säte guten Samen, aber das Feld ist voll Weizen und Unkraut. Es findet sich so. Natürlich hätten wir Menschen gern alles sauber, alles rein. Schon im Garten: Quecke, Girsch, Löwenzahn – raus damit, oder?

Jesus sagt: Ja, es ist nicht alles gut an jedem Ort zu jeder Zeit. Es ist auch Beschädigendes da, Willkür, Bosheit, Krebs. Das hat ein Feind getan. Jesus bricht keine Debatte über Satan und Teufel vom Zaun, benennt den Feind nicht, ruft zu keinem Kreuzzug auf. Lakonisch stellt Jesus fest: Lebenswidriges ist nicht von Gott gewollt; es lässt sich damit leben! Und wie? Ausjäten, ausrotten, ausradieren liegt uns nahe bei Schädlichem; aber ihr könnt das Schädliche vom Guten nicht genug isolieren, ihr könnt das Gute nicht genügend gegen das Schädliche abgrenzen, ihr würdet mit dem Unkraut auch den Weizen ausreißen; lasst es wachsen bis zur Ernte. Dann werde ich Anweisung erteilen, gibt Jesus Bescheid. Also kämpfen nicht zwei gigantische Kräfte gegeneinander, so wichtig ist der Feind nicht; er verhindert nicht den Weizen. Der Herr der Ernte ist klar.

Vielleicht hat der Feind sogar eine wichtige Rolle für die Heilsökonomie. Vielleicht nötigt das Unkraut ja den Weizen, mehr er selbst zu werden, klarer und deutlicher Weizen zu sein. Aus diesem Bild ins Geschichtliche übersetzt: Der Marxismus war wohl nötig, um dem Kapitalismus seine soziale Verpflichtung beizubringen; Stalin war wohl nötig, um mit Hitler fertig zu werden – in der Geschichte werden, figürlich gedacht, die Teufel von Beelzebub, dem Obersten dieser Mischpoke, ausgetrieben – keine ehrenwerten Helfer, aber die Geschichte ist kein Liebesmahl; dieses steht als Festessen am Ziel an.

Und die Christenheit hat vielfach versagt. Je weniger sie von Gott wussten, desto mehr vom Teufel – es scheint gerade so, als habe es ein »Projekt der Erfindung des Satans« gegeben, von denen betrieben, die sich dann als Nothelfer anboten; jedenfalls wurden nacheinander Juden, Heiden, Ketzer als des Teufels erklärt und umgebracht. Und immer zogen die Verfolger daraus Lustgewinn, sei es die Illusion des Auserwähltseins, sei es die Aneignung von Besitz; die Hexenverbrennung hielt auch her zur Befriedigung sadistischer Lüste, und die Mission löste ab vom Dämonenglauben, diente aber auch dazu, kaisertreue Untertanen zu erziehen.

Von der großen Weltgeschichte wieder zu uns. Bei uns, ja in uns liegen Gut und Böse nah beieinander. Überleben wollen ist gut, aber um welchen Preis? Der Antrieb, mich zu behaupten, kann zur Dampfwalze werden: Und willst du nicht zu meinen Bedingungen mein Bruder sein, so mach ich dich nieder; oder wenn du nicht zahlst, hetz ich die Kinder gegen dich auf; oder wenn du, Pastor, dich für Asylsuchende einsetzt, kriegen wir dich, oder, oder…

Auch das Maß macht Gut und Böse. *Pharmakon* heißt im Griechischen Heilmittel und Gift; man kann mit Ehrlichkeit zerstören und mit barmherziger Lüge Mut machen. Auch die Schöpfung benutzt ja Leben als Nahrung für weiteres Leben. Die Erdkruste reißt auch auf zu verheerenden Erdbeben, sie reißt auf, weil sie dünn ist, sie muss dünn sein, die Erdenhaut, wegen der lebenswichtigen Wärme des Erdinneren. So ist ein Quantum Leid oft die Kehrseite von lebensfördernden Maßnahmen. Blitz und Donner sind doch Entladungen, die als Elektrizität uns so viel Vorteile bescheren. Wird ein Mensch, ein Tier, ein Baum vom Blitz getroffen, hat das nicht Gott gemacht, hat nicht auf diesen gezielt und jenen verschont. Aber alle Energie ist aus Gottes Schatz, auch die Energie, das Gute zu betreiben und das Böse einzudämmen.

Es bleibt wohl unser Auftrag: Gutes zu tun, selbst wenn auch Schlechtes mit unterkommt. Ein großes Bekenntnis zum guten

Schöpfergott ist es, dass wir glauben: »Gott sprach: Siehe, es war, es ist sehr gut« (1 Mose 1, 31), sehr gut für Weiteres; die Welt ist nicht fertig und perfekt, aber sie ist auf dem Weg, vollendet zu werden. Und bis dahin haltet Böses und Gutes zusammen.

Mir ist dies die wichtigste Glücksnachricht: Gott hä´ mit uns schwierigen, schillernden Menschen aus, hält uns aus.

Und so halte dich auch aus mit deinen Schattenseiten; deine Bösheiten sind Kehrseiten von Gutarten. Spalte Gier und Herrschsucht und Neid nicht von dir ab, schau sie an; verleugne sie nicht, lass ihnen nicht unter dem Deckmantel von Pädagogik etwa oder Formalismus Auslauf, womit du vielen Leid zufügst; prüfe, wann du, ohne zu viel Schaden anzustellen, sie befrieden kannst. Suche nicht deine Machtlust zu stillen durch Herstellung von sauberen Zuständen; alle Kriege wollen Ordnung erzwingen und häufen nur Leid auf Leid. Und zu Hause trau dich, deine Wünsche in der Familie anzumelden, ermutige die andern auch dazu – und dann wird fair gehandelt.

Jesus lockt uns auch, gewähren zu lassen – lieber überlass die schon sicher geglaubte Parklücke dem Jähzornigen, du ersparst vielleicht ihm den Infarkt und dir eine Handgranate. Es ist viel Wahn in dieser Welt aus zertretener Liebe, aber noch viel mehr Gelingen und Großmut. Der Rabbi macht es wohl richtig, der jeden Abend sein bisschen Geld auf den Tisch legt und einen Zettel dazu schreibt: »Gehört dem, der es dringend braucht.«

Das heißt nicht, dem Unkraut noch Extradünger zu geben. Wir können davon ausgehen, dass wir Menschen alle gute Frucht bringen wollen, gern uns mit eigener Hände oder Gedanken Arbeit ernähren wollen, gern lieber Menschen beschenken als sie bestehlen wollen. Helfen wir also, dass ein Enttäuschter neue Erfahrung machen kann; geben wir Raum, dass auch der Schuldiggewordene sein Besseres entfalte. Genügend Lehrstellen zu beschaffen, macht weniger Gefängnisse nötig. (Oder wollen wir es so weit wie in Kalifornien kommen lassen, wo mehr Geld für Gefängnisse als für Bildung ausgegeben wird?) Mehren wir die guten Mächte, mit dem

Unkrautanteil kommt Gott schon zurecht. Besorge du, dass deine Weizenbegabung nicht mickert.

»Lasst euer Licht leuchten« (Mt 5, 16) heißt doch: Setzt darauf, dass ihr als Licht gesät seid, inklusive der Dunkelzonen, die auch ihr Eigenleuchten besitzen. Du, alles an dir ist etwas wert, und irgendetwas kannst genau du am besten. Vielleicht kannst du einem helfen, Freude zu schmecken – es ist Unglück und Strafe, nicht genießen zu können, was man hat. Dann steigt einem in den Kopf, »mehr davon« könne einen ruhig machen, und »mehr davon« beschafft sich leicht nur unredlich, und das Unrecht nimmt größere und größere Ausmaße an; Rettung könnte sein, dass du dem Unglücklichen zutraust, er könne noch ganz anders. So traut Jesus dem Halsabschneider Zachäus zu, dass er Lust hat, Jesus und seine Freunde zum Mahl zu laden – und der ist von der Vorstellung, großzügig sein zu können, so mitgerissen, dass er (etwas) von der Raffgier lässt (Mk 19, 2–10).

Und lerne das Abwarten, gib noch eine Frist, noch einmal lass fünf gerade sein, noch eine Verwarnung nur, halt dich wieder hin, grenz nicht aus, begradige nicht das Komplexe. Schon dass einer den Mangel an Frieden, an Verständigung empfindet, ist Beweis, dass auch Gutes in ihm ist.

Und wie viel Gutes ist getan aus Wiedergutmachen, aus Wettmachenwollen; wie viel Gutes wäre ohne vorheriges Übel nicht zustande gekommen.

Du, ich, wir werden Gutes immer wieder erwirtschaften, indem wir widerstrebende Kräfte doch zusammenhalten. Ehe muss doch Freiheit und Bindung zusammenhalten; Elternschaft muss Eigenverantwortung und Fürsorge bewahren; ich muss Lust zu wirken und Lust zu ruhen gestalten. Gelegentliches Gleichgewicht unserer Verschiedenheit ist das Beste, was wir jetzt erreichen können. Und die Ernte? »Die Ernte ist mein«, spricht Gott.

Die Zehn Gebote.
Der Dekalog aus 2 Mose 20

Raster für Wahrheit

Die vielleicht wichtigsten Worte der Menschheit stehen im 2. Buch Mose 20 (auch 5 Mose 5), von Martin Luther in etwas geänderter Form mit Erklärungen als drittes Hauptstück in seinen Kleinen Katechismus aufgenommen. Die Gebote erscheinen hier zum besseren Verständnis in geänderter Reihenfolge. Sie sagen den Willen Gottes in größtmöglicher Kürze:

1. Teil: Des Menschen Pflicht gegen Gott; ihn ehren, kein Bildnis, seinen Namen nicht missbrauchen, seinen Tag heiligen.

2. Teil: Des Menschen Pflicht gegen seine Mitgeschöpfe, beginnend mit Eltern ehren, Schutz des Lebens, der Ehe, des Eigentums, der Ehre des Nächsten, Verzicht auf unrechte Machenschaften.

Umzirkelt wird der Raum, darin das Dreieck Gott-ich-wir gelingen möge: Die Gebote kennzeichnen das weite Land, darin wir frei und verbunden gedeihen. Der das Leben gibt, gibt auch die Gebrauchsanleitung. Handlungsanweisungen sind die Gebote. Sie sind Bestandteil der guten Schöpfung, nicht als Zwangsjacke angepresst, sondern sie lassen sich rückerschließen aus dem verstandenen Lauf der Dinge. Es sind bis auf die fundamentalen Positionen Feiertag und Elternehrung eigentlich nur die eine fundamentale Negation: Nimm nicht Seins!

»Wo die Ungeheuer hausen« hieß auf alten Landkarten die unbekannte Gegend. – Wo das Gute, das Lebensförderliche gefährdet ist, an den Rändern des Bewährten, blinken die Alarmzeichen. Aus Eigeninteresse hat der sie zu achten, der Gott angehört. Das Gebot ist nicht Last, sondern Schutz, ja, ist eine Liebeserklärung – so hat Israel die Gebote verstanden. Wer zu Gott gehört, der enthält sich bestimmter das Leben beschädigender Praktiken. Und wenn er fehlgeht, bittet er um Vergebung und sucht Wiedergutmachung; jedenfalls kann er zu seinem Versagen stehen. Die Zehn Gebote sind denen gesagt, die im Leben als dem Haus Gottes wohnen; sie sind Hausordnung, nicht Einlassbedingung. Diese Zehn Gebote für das Leben wischen alles verkehrte Wesen fort. Sie bilden ein Raster für Wahrheit das kurz, klar, wahr ist. Da weiß man, was Steuerflucht ist und was das Gebot der Elternehrung mit Füßen tritt. Da wird man die Seele wieder nähren mit Religion statt mit Monstern und Horror. Die Zehn Gebote sind Handlungsanweisung, sind vor allem aber Widmung: Du bist Gott gewidmet, er widmet sich dir.

Das 1. Gebot stellt klar: Du, Mensch, findest dich nicht im Vergleich mit Pflanze und Tier, du definierst dich nicht aus dem Überschuss gegenüber der anderen Kreatur; du, Mensch, hast dein Wesen aus dem Anruf Gottes, du bist sein Du. Weil »Der Ewige« mit dir spricht, bist du unsterblich. Allein schon für ihn hörfähig zu sein, begründet ein Ähnlichsein, macht uns ihm kompatibel.

»Ich bin der Herr, dein Gott, der ich dich aus Ägyptenland, aus der Knechtschaft geführt habe, du sollst keine anderen Götter haben neben mir.« – Diese Urworte hat wohl die erste Generation der Kinder Israels gehört, die vor etwa viertausend Jahren unter Mose die Sklaverei verlassen durfte. Durchs Rote Meer, wo auch immer, sind sie gezogen und waren vierzig Jahre (oder vierhundert) auf dem Weg ins Gelobte Land. Die zehn Worte, der Dekalog, wurden in der Wüste empfangen – ein dramatisches Bild: Die Verfassung, die Worte des Bündnisses Gottes mit seinem Volk, sind gegeben während der Passage zwischen Nobody-Sein und Erhebung zu seiner »ersten Liebe«. Sie sind Notverordnung, Oase, Kartierung von Lebensraum auf dem Weg zum Land, »da Fried und Freude lacht«.

Wo immer Juden Bleibe hatten, säten sie die Gebote ins Wissen der Menschen. Auch die Christenheit hat bis heute die Gebote als »Wort Gottes« weitergesagt und sich auch an sie zu halten gesucht: Die Gebote wurden Grundlage der Menschenrechte und -pflichten der Vereinten Nationen. Wir durften die Zehn Gebote noch lernen. Ob unsere Enkel sie noch hören, hängt davon ab, ob wir sie uns noch sagen lassen.

Ich bin der Herr, dein Gott.
Das erste Gebot

»Ich bin der Herr, dein Gott, der ich dich aus Ägyptenland, aus der Knechtschaft geführt habe; du sollst keine anderen Götter haben neben mir« (2 Mose 20, 1.2).

Eliphas sagte einmal seinem rebellierenden Freund Hiob: Wenn du mit Gott in Ordnung wärest, dann würdest du auch mit alledem, was dich jetzt verstört, in Ordnung kommen. Mit den Steinen des Ackers (die deinen Pflug stören) stündest du im Bunde, und die Tiere des Feldes (die deine Saat fressen) wären dir befreundet, und du würdest im Alter zu Grabe kommen, wie Garben eingebracht werden zur rechten Zeit (Hiob 5, 23.26). Wenn du Gott vertrautest, wenn also du das Leben von Gott umgriffen wüsstest, dann wärst du gut dran.

Diese Weisheit will ich mir als Botschaft gefallen lassen und hoffe, du passt sie dir auch an: Wir haben einen Grund. Wir sind gewollt, geliebt, gebraucht vom Betreiber der Welt. Doch wir alle sind vierfacher Acker – nach einem berühmten Gleichnis Jesu mindestens (Mk 4, 3–9). Das Vertrauen zu Gott wird mir oft dünn, weil ich/du auch hart getretener Weg sind – die schwarzen Vögel Selbstverneinung picken uns die Zeichen fürs Geliebtsein fort.

Und wir sind auch Steiniges: Viel Wenn und Aber, Verachten, niedermachendes Argumentieren, Maulen über das Leben haben wir mitbekommen. Da hat der Zuspruch wenig Erde zum Gründen; unter der Hitze der Forderungen und Ablenkungen verdorrt die Verheißung, sie kann kaum Wurzel schlagen. Und da sind bei uns Dornen, Ranken, die wuchern: Die Gier, gemocht zu werden, die Lust, gerühmt zu werden, überwuchern die Botschaft vom geschwisterlichen Gleichwertigsein. Wo ist die Frucht aus der gelassenen Gottzugehörigkeit? Hör die Verheißung: Auch dir fällt etliches auf gutes Land und bringt Frucht, dreißig-, sechzig-, hundertfältig.

»Ich bin der Herr, dein Gott« – »das ist keine Großwortruine« (Botho Strauß). Gemeint ist die zielführende Kraft, der Betreiber von Evolution, die Energie des weltweiten Schöpfungsvorganges. Mitbetroffen vom Werden und Vergehen ist er; er ist das alles Zeitigende; er ist der, die, das darin Reifende; der in uns Menschen die schöpferischen Leistungen beflügelt und an unserer Hybris leidet; Gott, der Ganze und alles Einzelne und der Zusammenhalt von allem. Seine schönste Äußerung ist unser Menschlichsein: Auch Dein Lieben ist sein Strahlen.

»Ich bin dein Gott, der ich dich aus der Knechtschaft befreit habe« – wer kann das zu mir/dir sagen? Der dir Lebendigsein ermöglicht, der dich aus dem Nichtsein erlöst hat, der dich mittels deiner Eltern zur Welt brachte, der dich freispricht zum eigenen Gewissen, dich zum Freigelassenen der Schöpfung will, dich zum Kooperator, zum Verbündeten macht: der dir Zuflucht ist in allen Nöten; der, ob du schon im Finstern steckst, doch bei dir ist und deine Füße wieder auf weiten Raum stellt (Psalm 31, 9).

Dir sagen: »Ich bin der Herr, dein Gott« kann nur der, der nicht stirbt, sondern auch das Sterben Verwandlung sein lässt; der durch Abschiede dich hindurchzieht, hindurcherzieht ins Gültige; der dich aus deiner Knechtschaft freischaufelt. Bist du in Verknechtung erstarrt? Siehst du dich beherrscht? Rede mit Gott, ob das so weitergehen soll. Atme, betrachte, überdenke: Wer ist es denn wert, dass du ihm gehorchst, dich vor ihm beugst?

Gott will deinen aufrechten Gang. Und wenn du dir das erste Gebot gefallen ließest nur zur Klärung, dass kein Irdisches dein Herr sein kann – wenn du das erste Gebot nur nähmest, um dir klargestellt sein zu lassen: Ich weiß zwar jetzt nicht, wer Gott ist, aber was mir jetzt Leerstelle ist, will ich mir nicht füllen lassen von Irdischem. Das erste Gebot legt die Messlatte hoch: Herr und Gott soll mir nur sein, wer mich aus meinem Ägypten losbindet, und die Menschheit, ja »die ganze Schöpfung freimacht von der Knechtschaft der Vergänglichkeit hin zur herrlichen Freiheit der Kinder Gottes« (Römer 8, 21).

49

Du sollst keine andern Götter neben mir haben, du sollst nicht töten, nicht stehlen heißt mit dem Ohr des Zugehörens gehört: Ich bin dein Gott, du mein Mensch. Du hast nicht andere Götter. Du tötest nicht, stiehlst nicht, basta. Es ist, als verbürge sich Gott für uns, der Rest versteht sich eigentlich von selbst: Werde, der du bist!

»Ganz nahe ist dir das Wort in deinem Munde und in deinem Herzen« (5 Mose 30, 14). Das begründet, warum der Gott der Zehn Gebote Maß der Dinge ist. Sein Wille ist in deinem Mund und Herz. Du denkst selbst so; die Gebote werden nicht von einer Besatzungsmacht auferlegt, sondern dein/mein Innerstes weiß: Gottes Wille deckt sich mit den Herzworten deines Gewissens. Nicht »du musst«, »du sollst«, sondern das Richtigleben wird dir geschehen: Du wirst dir nichts zum Abgott werden lassen: Lieben, ja, innig und intensiv, bewundern, Autorität sein lassen diesen und jenen, aber kein Mensch ist so groß, dass wir ihm gehören, und keiner ist nur zum Dienen und Gehorchen geboren.

Das erste Gebot leistet einen lebenswichtigen Schutz: Gottes Platz darf nicht eingenommen werden von Mensch oder Sache. Das Alte Testament kann man lesen als Geschichte von Gottes Mühen, Israel, der Menschheit die Götzen auszutreiben. Und Jesus summiert: »Gebt dem Kaiser, was des Kaisers ist, und Gott, was Gottes ist« (Mt 22, 21) – gebt nicht irdischen Instanzen, was nur Gott zusteht: euch selbst – die Münze zeigte das Bild des Kaisers, also zahlt ihm die Steuer, aber was zeigt euer Antlitz, doch das Gehören zu Gott – also dienet ihm mit Freuden.

Wir sind in Glaubenssachen ausgedörrt und überschwemmt. Das erste Gebot ist Platzhalter für den Ewiggültigen, auch wenn er uns noch verborgen sein sollte inmitten von Natur und Geschichte. Inmitten von Natur: »Das Meer ist eine alte Sprache, die ich nicht entziffern kann«, sagt Jorge Luis Borges; »in jeder Sekunde erschrickt und erschreckt alles, was lebt«, sagt Émile M. Cioran; »die ganze sichtbare Welt ist nur ein unmerklicher Zug in der weiten Höhlung des Alls«, sagt Blaise Pascal. Die Natur ist kein denkendes Wesen, wie sollten wir sie anbeten – und doch ist unsere Seele leicht überschwemmt vom Glanz und vom Brüllen der Natur. Auch was geschieht, eignet sich nicht, angebetet zu werden. Geschichte ist wie der Stau: Wir meinen, wir stecken im Stau, dabei sind wir der Stau. Wir sind die Geschichte, sind das Geschehende. Und doch kann es uns korkenleicht erheben auf einer Woge von Faszination, was vom lateinischen »Geißelung« kommt und nah an Besessenheit ist: Nationalismus und Blutrünstigkeit können schnell das Stück Humus der Humanität wegschwemmen. Es ist viel Beglückendes wirklich und viel Wirkliches beglückend, aber nichts ist es wert, dass du es zu deinem »Ein und Alles« erklärst, zu dem, woran du dein Herz hängst.

Der »Ich bin dein Gott, der ich dich aus der Knechtschaft geführt habe«, der »Ich bin« (2 Mose 3, 14 – dort: Mein Name ist: »Ich bin, der ich für dich da sein werde je und je«), der hat dir eine große Seele gegeben, eine so große, dass kein Irdisches sie zu füllen vermag. Wenn schon kein Hund einen Hund zu seinem Herrn macht, sollte erst recht kein Mensch einen Menschen seinen Herrn sein lassen. Wenn wir kuschen, haben wir die Befehler gemästet; wir sind einander als Brüder und Schwestern zugewiesen, als »Gehilfen der Freude, nicht als Herren« – gerade auch nicht als »Herren des Glaubens« (2 Kor 1, 24).

Unsere freigesprochene Seele respektiert sogar der Schöpfer dieses Wunders: Indem er unsern Ungehorsam riskiert, gibt er sich auch in unsere Hand. Aber er wollte uns eben nicht als »Instinktautomaten«, er trägt uns auf, zu erkennen, was gut und böse ist – das ist die Beute und Last des Menschseins jenseits von Eden. Diesen Auftrag bekam nicht nur der erste Mensch, sondern jeder Mensch als Erstes: Wir werden vertrieben aus der Kinderzeit, dem Schlaf der ethischen Blindheit, und es werden uns die Augen aufgetan zum verantwortlichen Erwachsensein. »Woran du dein Herz hängst und dich verlässt, das ist dein Gott. Dein Trauen und Glauben machen dir Gott und Abgott.« Sensationell ist dieses Wort Martin Luthers. Nicht zum Gehorchen und auch nicht zum Glauben sind wir fixiert: Es bleibt Spielraum eingeräumt, dass wir Gott ins Angesicht widersprechen können; ja, es kann uns sein, als ob es Gott nicht gäbe. Du/Ich, wir müssen nicht an Gott glauben, und es gibt Gründe, Atheist zu sein. (»Ich glaube nicht an Gott, er versteht mich«, sagte ein auf seine Weise frommer Mensch.)

»Ich bin der Herr, dein Gott«, höre ich als Zusage, dass Gott für mich da ist, auch wenn ich ihm weglaufe – so auch die Geschichte von den verlorenen und wiedergefundenen Söhnen (Lk 15, 11–32): Der Jüngste verlässt Gott, der Ältere verkennt ihn – beide bekehrt er zu sich und zueinander. Gott verwickelt uns in sein Werden für immer. Also wenn du dich umzingelt wähnst von Plagen, nimm aus dem ersten Gebot deine Herkunftswahrheit: Gott sagt, er ist dein Gott; du bist geliebt und gebraucht. Der Lebendig-Wahre trägt dich, du kümmere dich um Früchte der Freude. Und du brauchst Gemeinde, Freunde, Menschen, mit denen du teilst. Doch Abgötter brauchst du nicht, du Kind des einen Guten Ganzen. Triffst du Buddha unterwegs oder wer sich dir zum Buddha oder Christus aufspielen will, rück ihn aufs Normalmaß zurecht. Du bist anspruchsvoll geworden durch den Umgang mit dem ersten Gebot.

Du sollst dir von Gott
kein Bildnis machen
Das zweite Gebot, erster Teil

»Du sollst dir von Gott kein Bildnis machen« (2 Mose 20, 4) – ich der Herr, dein Gott, der ich dich aus dem Nichtsein erlöst habe, der ich dich ins Leben halte und zur Freiheit der Liebe berufe, sage es dir.

Du, Großes Du, eingebettet wir in dich und wir dir auch gegenüber – du redest mit uns, dann hast du doch Mund. Du hörst, also bist du Ohr (»der das Ohr gepflanzt hat, sollte der nicht hören?«, Psalm 94, 9), du, der du uns siehst, also hast du Augen, bist ganz Auge. Du hast uns in Händen, wir sehen dich uns auf Händen tragen. – Schon ist das Bild da vom universalen Gottvater, mit mütterlichen Zügen, versteht sich. Und du sagst, wir sollen von dir uns kein Bildnis machen. Dabei drängst du dich uns doch auf, du lässt doch in unserer Seele Bilder von dir aufsteigen. Du brennst doch in uns das Feuer der Sehnsucht nach dir ab. Wo Feuer ist, ist Rauch; der Rauch der Bilder, Gebilde in den Farben der Ängste und Wonnen.

Ich meine nicht, ich hätte von dir erst gehört durch die Eltern. Ich erinnere mich an ein sehr frühes Reden mit dir. Vater war im Krieg, Mutter war mit uns Kindern auf einem Bauernhof untergebracht und ein Hund war gestorben. Unter Mutters Anleitung holten wir einen Leiterwagen, legten Zweige darein, dann den verstorbenen Hund darauf, und dann fuhren wir ihn in den Wald, da war ein Bombentrichter und darein beerdigten wir den Hund und weinten sehr, aber wir sangen: »In der Heimat, in der Heimat, da gibt's ein Wiedersehn«, und das war so überzeugend, unser Lied, es war eine offizielle Auskunft, eine Ansage, die die Verhältnisse klarstellte. Ich meine, ich hätte das Lied schon immer gekannt, hätte es aus dem Himmel mitgebracht und war erstaunt, dass Mutter es auch noch kannte; will sagen, ich erinnere mich lange an dich.

Später fand ich das Lied: »Ich steh an deiner Krippe hier« so schön; da kommt vor: »Eh ich noch nicht geboren war, da warst du mir geboren und hast mich dir zu eigen gar, eh ich dich kannt, erkoren« – also bin ich doch eher ein Bild, von dir entworfen, als dass ich mir Bilder von dir entwürfe. – Was hier das Huhn und was die Henne ist, muss uns immer wieder klar werden; vielleicht darum die Mahnung: Mach dir keine Bilder von mir; du Mensch bist doch mein Bild, eins der vielen. In dir, Mensch, suche ich mich.

Wenn du so zu uns, zu mir sprichst, dann bist du Gott, der Ganze; wir sind deine Facetten. Wir sollen keine Bilder uns machen von dir! Aber du hast doch uns viele Erinnerungen mitgegeben, als du uns ins Leben riefest, Hoffnungsskizzen von dir ohne Ende.

In einer Richtung versteh ich dein Gebot: keine Bilder. Ich stelle ja zu Hause auch kein Bild vor mich hin von meiner Frau, wenn sie neben mir sitzt. Das wäre ja verrückt, ich spräche mit einem Bild, das ich auf dem Tisch stehen habe, während sie da ist. »Keine Bilder!« sagt: Ich brauche keine Bilder von dir, du bist ja da.

Ein Bild widerspricht der persönlichsten Gegenwart. Also brauchen wir auch keine schöne Gottvaterplastik in der Kirche, keine Christusbilder, kein Kreuz im Schulzimmer.

Auch keine Geschichten von Mose, wie er mit dir als Feuersäule durch die Wüste zieht? Auch keine Bildergeschichten vom Jesus, wie er das Brot vermehrt?

Doch, als Bilder von dahingegangenen Verwandten dürfen wir die Geschichten schon noch in Ehren halten, darin ist ja auch viel Erinnerung verwahrt an Treffen mit dir, früher. Aber wir sollen dich nicht festnageln auf die Historie. Nur wenn wir heute das Zusammensein mit dir völlig verloren hätten, dann müssten wir dich rekonstruieren an den Fotos von damals, uns wie im Schneesturm im Gebirge zurücktasten an den verwehten Fußabdrücken, an den Erfahrungen von früher.

Kein Bild von dir machen. Du meinst also, wir wüssten innen schon, wer du bist, Gott, der, die, das Ganze. – Aber einige scheinen ganz abgedreht von dir, so grauenhaft scheinen sie jeden Anhalt an dir verloren zu haben. Als blinde, verschlingende Triebenergien wildern sie durchs Leben. Wie kannst du zulassen, dass sich Macht von deiner Allmacht so losreißt und mordet und verhungern lässt? Du lässt dir Leid antun. Was wir getan haben einem unserer kleinsten Brüder und Schwestern, das haben wir dir angetan, sagte Jesus (Mt 25, 45), dein dir am nahesten aus dem Herzen sprechender Sohn.

Wir sollen uns kein Bild von dir machen. Aber was sollen wir denn machen, uns ist es doch von dir ins Blut gelegt, dass wir dich denken müssen? Baust du in Mutter-Kind, im Paar nicht dein Sein nach und im Sehnen und Locken der Einzelnen? In den Liebenden baust du dein Für-Sein. Das war doch der Name, den Mose vernahm am brennenden Dornbusch, das Bild hast du doch den Menschen aufgesteckt: Das sich nicht verzehrende Feuer bist du, so hast du dich uns ins Bild gesetzt. Und als Mose fragte, wie dein Name sei, sollst du gesagt haben: »Jahwe«, zu deutsch: »Ich bin für euch da, wie ich für euch da sein werde« (2 Mose 3, 14).

Auch darum also keine Bilder: Weil Bilder immer Vergangenheit festhalten und präsentieren. Sie präsentieren also gar nicht das Präsens, die Gegenwart, sondern dokumentieren das Verflossene. Der Augenblick des Festgehaltenseins ist schon nur Rückblick auf Abgeflossenes. »Ich bin in deiner Gegenwart zu Hause«, sagst du Gott mir zu. Keine Bilder, sie speichern nur Rückblicke. Du aber triffst uns hier und jetzt. Wir gehen mit dir um, du mit uns; du bist auch jetzt hier als das Lebendige in uns allen. Und wir alle sind in dir, sind deine Blutkörperchen – wieder Bilder.

Doch ohne Bilder sind die Worte blind, ohne Worte sind die Bilder stumm. Also Bilder von dir, wie wir auf dich warten und wie wir dir nachschauen? Das erinnert an 2 Mose 33, 18 ff.: Mose begehrt die Herrlichkeit Gottes zu schauen. Und Gott sprach: »Mein Angesicht kann kein Mensch sehen, kann kein Irdischer aushalten. Aber ich will vor deinem Angesicht all meine Güte vorübergehen lassen und will vor dir kundtun den Namen des Herrn: Wem ich gnädig bin, dem bin ich gnädig. Siehe, es ist ein Raum bei mir, da sollst du auf dem Fels stehen. Und wenn dann meine Herrlichkeit vorübergeht, will ich dich in die Felskluft stellen und meine Hand über dir halten. Wenn ich vorübergegangen bin, will ich meine Hand von dir tun, und du darfst hinter mir her sehen.« – Dies Geschehen fasst doch ins Bild, dass wir dich nicht pur schauen können, sondern eben nur deine Wohltaten, das schon Geschehene, deine Rückseite. *God was here* – strapaziös und wunderbar.

Also Bilder höchstens als Piktogramme, Hinweiser, aber nicht du selbst. Ich verstehe; Bilder schneiden ab, liefern nur Ausschnitte: etwa das Bild vom Schöpfer, wohl eines der größten, Michelangelo malt Gott, der Adam schafft (Wo ist Eva? Unter Gottvaters Arm lugt sie, gespannt, skeptisch, was Vater ihr für ein Wesen zugedenkt). Aber das grandiose Bild ist eigentlich ganz unmöglich: Du, als Renaissancefürst, als genialer, schöner Mann-Mensch. Kein Bild von Gott hat uns so geprägt wie das in der Sixtinischen Kapelle und steht doch auch unter dem Verdacht der Falschmeldung. Denn du, Gott, bist doch auch das Frauliche von allem und siehst doch nicht wie unsereiner aus. Du, so groß wie die Welt, bist auch noch im kleinsten Samenkorn ganz. Da reicht kein Bild ran. Darum reklamierst du einfach das Recht an deinem Bild.

Dass du uns siehst, sichert uns das Sein. Wie auf dem Spielplatz: Dass Mutter da ist, sichert dem Kind den Halt. Dann kann es auch aufhören, sich ständig ihrer Gegenwart vergewissern zu müssen. Das Kind kann sich und Mutter vergessen, es ist ja in einer Aura des Mütterlichen. So ähnlich, nur umfassender denk ich dich und dein schützendes Schauen, du guter Blick. Und dass du uns zuhörst, ist Erhörtwerden. Nichts ist ins Leere gesagt. Und dass du mit uns sprichst, verspricht ein unendlich geknüpftes Band.

Du sagst: Ich soll mir von dir kein Bild machen. Weil du selbst dir noch ein Bild von dir machst? Du entwickelst dein Wesen in Geschichte hinein, du wirst Fleisch, Natur, Zeit. Die Geschichte des Universums als der Gang deiner selbst zur Vollendung? Du wirst uns versammeln von Angesicht zu Angesicht. Dann werden wir dich sehen, aber bis dahin haben wir den Schatz nur in irdenen Gefäßen (2 Kor 4, 7).

Ich soll mir von dir kein Bildnis machen, ich soll mich an die Mitmenschen halten, wir seien transparent zu dir, auf dem Grund eines jeden von uns dein Code. Wenn wir uns erkennen als Puzzlestücke deiner Ganzheit, die als Paar, im Glücksfall, schon Seite an Seite anschließen, dann bist du einmal mehr da; »von allen deinen Boten spricht Eros am eindringlichsten zu uns«, so Max Brod. Und die Menschheit ist damit beschäftigt, immer neu im männlich und weiblich Polaren auszuschöpfen und zu gestalten, dass du uns Menschen zu deinem Bild gemacht hast. Du hast dein Einssein ausgedrückt als sprühendes Spannungsfeld zwischen Zweien.

Dein Antlitz leuchtet uns, auch wenn wir dich nicht sehen. Es ist wie mit Strom, den kann man auch nicht sehen, aber seine Wirkung merken umso mehr. »Gott erkennen heißt seine Wohltaten erkennen«, sagt Philipp Melanchton von Gott, von Christus. Wir sollen uns deine Wohltaten merken, da haben wir schon viel zu sehen: Wer deine Natur anschaut und sie am besten auch mitbestellt und mitbewahrt (1 Mose 2, 15), der wird dankbar. Und wem der große Wurf gelungen ist, eines Freundes Freund zu sein, der spürt dich doch in Aktion.

Du willst wohl nicht pur, solo, ohne Erde gelobt werden, willst nicht ohne Irdisches ins Bild genommen sein. Das deckt sich mit dem Rat: Schaue beim Loben nicht immer nach oben; schau mal zur Seite, dann siehst du die Pleite – das ist doch von dir, das hast du doch einem Dichter geflüstert. Wir hätten so gern dich in Prunkglorien hochgejubelt, um uns damit auch zu schmeicheln. Wir vereinnahmen dich zu gern zu unserm Maskottchen, unserm Vereinsheros und Nationalheiligen. *We trust in God* steht auf der Dollarnote, das volle Konto als Bild für einen segnenden Gott?

Gut, kein Bildnis! Weil du da bist.

Aber Traumbilder von dir, die dürfen wir haben, dass du uns heilmachst und verknüpfst, uns blühen machst und herrichtest, ewiggut. »Gott schuf den Menschen zu seinem Bild« (1 Mose 1, 27) heißt doch auch: Du schaffst noch uns nach deinem Bild. Du lässt dein Angesicht über uns leuchten, hast uns in Arbeit. Danke.

Noch dies: Wohlmeinende haben dein so einleuchtendes Gebot noch greller erleuchten wollen: »Du sollst dir kein Bildnis machen, es nicht anbeten, ihm nicht dienen. Denn ich, dein Gott, bin ein eifernder Gott, der die Sünden der Väter heimsucht bis ins dritte und vierte Glied an den Kindern derer, die mich hassen, aber Barmherzigkeit erweist an vielen Tausenden, die mich lieben und meine Gebote halten« (V. 4–6). Wenn du das wirklich in den Griffel des Moses diktiert oder mit deinem Atem eingeätzt hättest in steinerne Tafeln, dann hättest du sicher die Väter bei ihren Sünden nicht ohne die Frauen gelassen. Allein diese mannzentrierte Sicht ist mir Beweis gegen die Theorie der Verbalinspiration – als hättest du dein Wort dem Schreiber unter Umgehung seines Denkens eingeflößt. Eher ist diese Theorie doch Waffe derer, die das überlieferte mannzentrierte Weltbild ausgeben als die von dir gebotene Sicht der Dinge. Und was dachten die Wohlmeinenden so herrisch von dir, so von oben herab, als Besitzer, der droht: Solange du deine Beine unter meinen Tisch stellst, tu gefälligst, was ich sage? Hatten sie mehr Angst als Vertrauen? Haben sie die leidvolle Erfahrung mit ihren irdischen Vätern an den Himmel projiziert? Aber du wärest dann ja noch schlimmer, die elterlichen Sünden wären in dir überlebensgroß, wenn du bestraftest, die dich hassen, und Güte schenktest nur denen, die dich lieben. Schon wir oft überforderten Eltern wollen gerade nicht unsere Liebe zu den Kindern abhängig machen von ihrer Haltung zu uns. Du doch erst recht nicht.

Du hast die Geschichte nicht als Belohnungs- und Bestrafungsanstalt eingerichtet. Wohl dass unser Gedächtnis an unsere Schuld uns Hölle ist, bis wir Frieden haben mit den von uns Beschädigten; und mit dir darin. Du wirst uns nicht vergeben an unsern Opfern vorbei, sondern wirst Opfer und Täter zueinander bekehren. Dass du uns »dahingibst an die Folgen unseres Tuns« (Römer 1, 24) – »womit wir sündigen werden wir auch bestraft« (Weish 11, 16) –, das muss wohl ein Stück weit sein. Aber dann ist die Strafe Kehrseite der Tat, ist mitgesetzt in unserm Tun und nicht erst später per Gerichtsbeschluss verhängt.

Du sollst den Namen Gottes
nicht missbrauchen
Das zweite Gebot, zweiter Teil

»Du sollst den Namen des Herrn, deines Gottes, nicht missbrauchen; denn der Herr wird den nicht ungestraft lassen, der seinen Namen missbraucht« (2 Mose 20, 7).

Unser Kopf muss ihn voraussetzen, sonst enthauptet sich unser Denken und wir könnten uns selbst oder Traumgebilde für Gott halten. Gegen das Sich-Vermessen steht das Gebot: Missbrauche den Namen Gottes nicht. Aber diese Mahnung ist ein Satz aus einem langen Brief Gottes an dich, ein Liebesbrief, der dich speist mit Gewissheit: Du verknüpfst Köstliches mit seinem Namen, du gebrauchst Gottes Namen richtig, du brauchst Gott recht, rufst seinen Namen an in Beten, Loben, Danken; du sprichst mit ihm.

Wir wollen bemerkt werden als tauglich, als interessant, als förderungswürdig, als liebenswert, als achtungsgebietend. Vielversprechend wollen wir scheinen, wollen nicht graue Mäuse sein, sondern wollen »unser Wachstum zeigen«, jedenfalls einigen, jedenfalls Gott. »Gott ist der Wille, der möchte, dass wir sind« (Eugen Drewermann). Erfunden, entwickelt, ins Leben gezogen, bei meinem Namen gerufen von ihm für immer, bin ich niemals ihm nur eine Ziffer, sondern Individuum, unteilbares Ganzes in ihm, dem Ganzen. Wenn er mich bei meinem Namen kennt, bedeute ich ihm was. Und es ehrt mich, dass es ihm auf mich ankommt und wie ich wohl seinem Namen Ehre mache. Name ist unterscheidendes Kennzeichen, bei dessen Nennung mir sofort einfällt, was ich von diesem Wesen weiß. Hast du mit einem Menschen noch nichts erlebt, nichts für dich Wichtiges gehört, ist der Name Schall und Rauch (Johann Wolfgang von Goethe), aber sobald in einer Gesellschaft ein Name fällt, mit dem du Wichtiges verbindest, ist dieses mit dem Namen für dich aufgerufen und präsent.

Was verknüpft sich für dich mit Gott? Welcher Name kennzeichnet, was du mit ihm erfahren hast? Du siehst die Wolken ziehen – er ist dir »Herr der Gezeiten«; du siehst deine Kinder – Gott ist die anvertrauende Seite des Lebens; du hast einen geliebten Menschen verloren – dann ist dir Gott auch die abverlangende Seite des Lebens und auch die bergende, einhüllende Kraft. Gott ist, »worauf du vertraust im Leben und im Sterben« (Heidelberger Katechismus). Vielleicht ist Christus dir die geniale Zusammenfassung all der Wirkweisen in einer Person, aber das muss nicht sein. Gott hat viele Namen. Dass er mein/dein Sinn ist, ist auch einer seiner Namen.

Wenn »Sinn« dein Name für Gott ist, wirst du kein Ding für deinen Sinn erklären. Du wirst nicht leben für ein Haus, für eine Firma, für einen Staat. Das alles kann dir Aufgabe, Pflicht, Freude und Arbeit sein, aber dein Sinn ist anderwärts gesichert. Dein Wesen ist: Gott liebt dich. Darum wirst du nicht Besitz für dein Wesentliches halten; du wirst nicht deinem Geld vertrauen, wirst es fließen lassen; anwenden wirst du es zum Guten. Du wirst Geld nicht zum Götzen machen, sonst müsstest du ja leben, um Geld zu vermehren – so ein jämmerlicher Sinn. Du wirst nicht Irdisches zu Gott hochstilisieren, du nicht.

Auch ein Mensch wird dir nicht ein und alles. Ja, lass dir niemanden zu »so was wie Gott« werden keinem sage »Du gehörst mir«; du wirst ihm auch nicht sagen: »Ich gehöre dir, mach mit mir, was du willst«; Leibeigenschaft ist doch abgeschafft. Ja, im Liebesgeflüster zwischen Traum und Tag kann so was vom Kissen ins Ohr träufeln, aber dahinter weißt du doch, dass du dem Unendlichen gehörst. Und darum lockst du auch keinen auf eine falsche Fährte, du fändest etwa Gefallen an seinen Machtgelüsten – wie viel Anmaßung und Gewalttat lodern auf, um zu imponieren – und mit schuld ist der, der anstachelt durch Beifall, statt Ekel zu zeigen.

Dein Verlangen nach Zugehören kann dich einem nahe bringen, doch du wirst ihn nicht vergöttern, wirst ihm nicht sagen, ohne ihn könntest du nicht leben; wenn du ihm gut sein willst, stärke sein Selbstbewusstsein auch mit Kritik; halte ihn auf dem Teppich. Der

Nächste darf dir Engel sein, Gefährte, Anhalt für Gott, sein Griff, aber nicht Gott selbst. Dir ist Gott »Schutz und Schirm in allem Argen«. So wirst du mit Gottes Namen keinem Angst machen. Auch wenn du mit Heiligem zu tun hast, wirst du dir nicht die Hände küssen lassen. Du betrügst dich nicht durch Verehrtwerden. Du machst deinen Dreck alleine weg. Selbst Jesus lehnte ab, sich »guter Meister« nennen zu lassen (Mk 10, 18).

Du wirst Religion nicht missbrauchen zum Furchteinflößen, etwa mit der Drohung: »Gott sieht alles«, oder er liebe nur, die ihn verehren, oder Vaterlandsliebe sei sein Gebot. Du verdammst niemanden. Wenn du (d)eine Untat Sünde nennen musst, sage, dass dieses Tun Gott verdunkele, aber auch als Umnachtete lässt uns Gott nicht fallen. Dir ist Gottes Name voll Güte, du glaubst, er versteht dich auch mit deinen verqueren Gefühlen. Du brauchst ihn als Fluchtpunkt deiner Reue.

Du wirst Gott nicht missbrauchen als Leistungserpresser bei anderen. Wo mit Gottes Namen Furcht eingeflößt wird, da wird sein Name missbraucht. Wie konnte nur so viele Male Angst und Schrecken verbreitet werden im angemaßten Namen des Herrn? Der sagte von sich: »Ich bin nicht gekommen zu richten, sondern zu retten« (Joh 12, 47).

Du hast Halt in Gott, hältst Irrungen und Wirrungen hier aus: Wer wir sind, was uns ausmacht, ist dir jenseits von Menschen garantiert. Also wirst du endlich nicht mehr Beleidigungen für bare Münze nehmen und auch anderen ihre Ehre bewahren helfen.

Auch hältst du die Unsichtbarkeit Gottes aus, belegst also nicht Sichtbares mit Gottes Namen. Du hältst das Auf-dem-Weg-Sein aus, bezeichnest kein Hier und Jetzt als dein endgültiges Zuhause. Du übst das »an keinem wie an einer Heimat hängen« (Hermann Hesse).

Du hältst den in die Mühen verwickelten Gott aus, du suchst keine Gemeinde der Lichtgestalten, die alles Böse auf »die da draußen« schieben. Du nennst nicht einen Einzelnen »Hort der Wahrheit«, einfach schon weil dein Inneres auch von Gott weiß.

Du wirst keinen mästen durch Nach-dem-Munde-Reden oder Anhimmeln. Teenager, Girlies dürfen noch in Ohnmacht fallen vor Kinderbands. Erwachsen geworden, wissen wir: Jeder Mensch ist hilfsbedürftig, keiner ist komplett. Kein Mensch ist die Unterwürfigkeit eines einzigen Menschen wert, wir sind alle der Vergebung bedürftig. Und wem viel anvertraut ist, dem wird viel abverlangt (Lk 12, 48). Also verdirb niemanden durch zu viel Verehrung.

Du wirst dir von keinem Menschen sagen lassen, was, im Namen Gottes, gut und böse sei. Alles sei dir Vorschlag, Erfahrung, Information, Rat soll dir zu denken geben: »Prüft alles, und das Gute behaltet«, sagt Paulus (1 Thess 5, 21) und hält so fest, dass du die Instanz bist, zu prüfen, was dir als gut und böse einleuchte.

Der Freispruch zum eigenen Gewissen als letzter irdischer Instanz lädt viel Verantwortung auf. Darum wünscht sich manch einer den Führer, den Guru, den Unbestrittenen, der sagt, was gottgefällig sei.

Dieser Wunsch hofiert die Missbraucher des Namens Gottes – die beuten aus unser vielleicht vorhandenes Bedürfnis nach Strafe und Unterwerfung, die ketten an ihre Person, sie führen in Vorschriften gefangen. Sie missbrauchen den Namen Gottes über die Maßen, weil sie mit einem Horror-Gott ängsten. Sie schinden Seelen, statt mit Jesus zur Freude, zur Heilung zu helfen.

Ein wichtiger Name ist »der Gott der Geduld und des Trostes« (Römer 15, 5). Ihm vertrauend, bezeichnest du nicht anderer Menschen Leid als Strafe. Viel Böses bleibt auf Erden ungesühnt, viel Wohltat unbemerkt. Du wirfst dich nicht zum Beurteiler auf. Wir haben noch nicht den Überblick, sehen nicht aus der Vogelperspektive auf die Geschichte herab.

Sicher gibt es Leiden, die sind Folgen unseres Tuns, aber andere Gebrechen gehen mit dem Menschsein einher, bei einem mehr, beim andern weniger. Du kannst dir deine Krankheit Strafe sein lassen; du kannst deinen Schmerz dir als Buße gelten lassen für deine Schuld. Aber du wirst anderen nicht ihre Krankheit deuten als auferlegt und verhängt.

Und wirst doch erinnern an das Wesentliche am Christsein: Wir dürfen die Vergebung der Sünden glauben als geschehend. Krankheit soll in Gottes Schöpfung nicht sein, sonst hätte Jesus doch nicht heilen dürfen. Vom vermeintlich strafenden Gott freisprechen war Jesu Beruf.

Mir erscheint jedenfalls die Vorstellung lästerlich, Gott züchtige mit gezielt ausgeteilten Plagen.

»Du sollst den Namen Gottes nicht auf Wahnhaftes setzen!« – So Martin Buber: Du kannst zwischen Träumen und Alpträumen unterscheiden.

Du weißt die Toten in Gott geborgen. Du beschwörst sie nicht, rufst sie nicht herab, du versuchst nicht, dich in Trance zu versetzen. Du respektierst die Grenze. Du kannst dir Schicksal geschehen lassen, kannst loslassen. Du weißt, dass der geliebte Mensch Gottes Geschenk war auf Zeit.

Gegen so genannte Teufelsaustreibungen oder Geistheilungen sei skeptisch. Diese sakralen Exotismen vermehren wirkliche Leiden, weil sie wieder den Kranken beschuldigen oder zum Werkzeug erklären, und sie »bedienen sich des Kreuzes wie eines Wurfgeschosses« (Albert Camus).

Auch wolle nicht wissen, was in der Zukunft für dich bereitet wird. Du glaubst nicht, mit irgendwelchen Praktiken den Schleier über der Zukunft heben zu können. Wer angeblich hellsehen kann, den brauchst du nicht. Und wer meint, sein Schicksal sei im Laufe irgendwelcher Sterne verlautbart, dem winke ab. Was an Engeln, Mächten und Gewalten auch noch so da sein sollte, ist unter Gott – nichts kann uns von ihm scheiden. Denen, die Gott lieben, dienen alle Dinge zum Besten (Römer 8, 38.28). Auch dienen sie ja dem Kommenden zum Besten und lassen sich das Kommende zum Besten dienen. Geradezu kontraproduktiv wäre, den Ausgang der Aktionen schon vorher zu wissen. Denn wüsste ich vom Heil-Ankommen bei der Autofahrt, würde das mich fahrlässig machen – und so würde ich gerade das Gegenteil der Prophezeiung betreiben. Dass uns alles zum Besten diene, ist verheißen. Solch ein Vertrauen eröffnet weiten Raum, bis hin zu der verwegenen Aussicht: »Und kommt es anders, als wir erbitten, kommt es besser« (Martin Luther). Du kannst akzeptieren, was war. Und was ist, ist dir noch zur Bearbeitung anvertraut.

Den Namen Gottes nicht missbrauchen heißt auch: Keine Formeln verpflichtend machen, keine auswendig gelernten Gebete, kein gestanztes Glaubensbekenntnis als Ausweis für richtigen Glauben fordern. Wir sagen es zur verbindenden Erinnerung, auch als ein Kennzeichen unserer Kirchenzugehörigkeit; aber damit alle mitsprechen können im Gottesdienst, sollten wir mit den alten Worten der Kirche die Grundlagen christlichen Glaubens »benennen«, nicht »bekennen«. Überhaupt: Gott bekennen nur im Eisenkleid biblischer Zitate, das hieße, die Macht, das Lebensgeheimnis, die Persönlichkeit hinter allen Personen zu verkennen.

Auch Predigt ist nicht schon Wort Gottes, weil sie von der Kanzel kommt. Möge das Wort neue Erfahrung mit Gott dir in deinem Seelengrund entzünden – dein Ich mag dann sagen: Amen, ja, das ist mir gute Botschaft geworden. Auch ob ein Bibeltext dir als Evangelium aufleuchtet, wird sich dir zeigen. Ob ein Konfirmationswort dir zum Segen geworden ist, wird sich erweisen. Dann ist es dir Gottes Wort geworden und nicht Papier dir geblieben.

Wie viel Predigten Missbrauch des Namens waren – jeder Prediger kann nur bitten, dass ein Körnchen Wahrheit mit ausgestreut ist zwischen all den Richtigkeiten, dem Wortgedrechsel. Ob eine Predigt »Brücke wird vom alten Wort ins neue Leben« (Theodor Fontane), ist Sache des Heiligen Geistes.

Auch die Bezeichnung »Wort Gottes« für den Wortbestand der Bibel ist nur eingeschränkt richtig. Denn Gott redet doch auch heute, in Sprache von heute, und zitiert sich eher selten. Seine Offenbarung ist auch heute mitten unter uns im Anbruch. Ich brauche Gott als den Adressaten meiner Buße, meines Dankes, meiner Klage; ich sehe darin geradezu die Pointe seiner Existenz für mich.

Du sollst den Feiertag heiligen
Das dritte Gebot

»Gedenke des Sabbattages, dass du ihn heiligest. Sechs Tage sollst du arbeiten und alle deine Werke tun. Aber am siebten Tage ist der Sabbat des Herrn, deines Gottes. Da sollst du keine Arbeit tun, auch nicht dein Sohn, deine Tochter, dein Knecht, deine Magd, dein Vieh, auch nicht der Fremdling, der in deiner Stadt lebt. Denn in sechs Tagen hat der Herr Himmel und Erde gemacht und das Meer und alles, was darinnen ist, und ruhte am siebenten Tage. Darum segnete der Herr den Sabbattag und heiligte ihn« (2 Mose 20, 8–11).

Zeit für Tun und Lassen

Dem dritten Gebot haben viele Generationen Begründungen nachgeliefert, darum ist es so lang. Der Kern des Sabbatgebotes ist: Diene Gott. Sechs Tage Herden- oder Felddienst, dann ein Tag Dank- und Bittdienst dem Geber von allem, das mag früh der Rhythmus gewesen sein. Denn man wusste: »Wenn du, Gott, ihnen gibst, so sammeln sie … verbirgst du dein Antlitz, so erschrecken sie, nimmst du weg ihren Odem, so werden sie wieder zu Staub« (Psalm 104, 28 f.); die Verbindung zur Gottheit musste gepflegt werden. Er schien seinen Anteil von der Ernte abbekommen zu wollen, er schien den Rauchduft von Weihrauch und Widder zu genießen.

In der Geschichte von Kain und Abel und auch noch später richten die Menschen persönlich ihre Bitt- und Dankopfer aus, je nachdem, was vorlag. Vom Mondkalender her und wegen der Abfolge von Saat und Ernte feierte man seit Menschengedenken in Gemeinschaft und mit Priestern und Priesterinnen, die die so kompliziert scheinende Verbindung zum Allmächtigen handhaben.

Das Sabbatgebot hat seine letztliche Formulierung erst erhalten, seit eine Priesterschaft am Tempel formiert war, die den exakten

Kalender der Feste und Feiern führte und ausbaute, die die Opfer und Gebete in ausgeklügelten Gottesdiensten mit ausgefeilten Liturgien gestaltete (und sich auch damit wichtig machte). Auch brauchte es die ausgeführte Schöpfungsgeschichte, die, für ihre Zeit wissenschaftlich exakt, die Abfolge der Werke darstellte (und zwar Schöpfung als Entwicklung).

Der siebte Tag als Ruhetag gefasst, beschreibt Gott sehr menschlich, als den Töpfer zum Beispiel, der auch mal seine Ruhe haben muss. Hochtheologisch ist eine andere Idee: Früher war Voraussetzung für gute Zukunft die gute Herkunft. Gott kann und wird einst von allen seinen Werken ruhen und mit ihm alles Geschöpfte, weil er schon anfangs, im Ursprung, ein Abbild davon geliefert hat. Im Altertum lag das »goldene Zeitalter« immer am Anfang, im Ursprung der Dinge, darum wird es auch wiederkommen – nach dem Motto: Wunderanfang, (darum) herrlich Ende.

Der Sabbattag bildet ab, nimmt vorweg, ahmt nach und entwirft voraus das Künftige (und das Ursprüngliche) in der Gegenwart; das Fernziel »ewiger Friede« kommt *en miniature* im Nahziel als Sabbat. Der Sabbat ist Vermählungstag mit Gott, da ist man schon eins mit allem – da sind wir auch untereinander gleich, da spielen soziale Unterschiede keine Rolle mehr, auch das Tier darf ausruhen, auch der Fremde; da wird jeder zum priesterlichen Menschen.

Zu Jesu Zeit war das Sabbatgebot gewuchert zu einem Katalog von Verboten, Jesus wird Gesetzlosigkeit vorgeworfen, weil seine Freunde am Sabbat sich ein paar Ähren raufen und die Körner auspulen – aber Jesus stellt das Gebot vom Kopf wieder auf die Füße: »Der Sabbat ist um des Menschen willen gemacht, nicht der Mensch um des Sabbats willen« (Mk 2, 27).

Der Sabbat, den Christen der Sonntag – der Auferstehungstag des Christus – ist eine der ersten sozialen Großtaten, die der Menschheit eingegeben sind: Neben der Ablösung des Menschenopfers durch Tierdarbringung (Isaaks Opferung, 1 Mose 22) und der Umwandlung der unbeschränkten Rache in eine gezähmte (»Auge um Auge«, mehr nicht – 2 Mose 21, 24), hält das Sabbatgebot fest: Der Mensch ist mehr als Arbeiten und Essen – er ist auch, was er denkt: Um Gott sich kümmern ernährt die Seele.

Es wächst die Zahl derer, denen zu »Gott« nichts mehr einfällt, die ihn auf sich beruhen lassen. So muss man auch jeden Gottesdienst ganz von vorn denken, muss fragen: Auf welcher Ebene spielt sich Gott ab, bei mir, bei den anderen? Wann ist »Gott« nennen überhaupt am Platz? Doch, wenn es um den Sinn geht, ums Ganze. Ist das Wort »Gott« nicht die geniale Abkürzung von allem? Gott ist jedenfalls das Herz von allem. »Wer lebt es denn? Lebst Du es, Gott, das Leben« (Rainer Maria Rilke)? Ist ein Sinn, der nicht vergeht und »dessen Natur es ist, aus nichts etwas zu machen« (Martin Luther)? Der dann auch die Proportionen gibt?

Der Floh misst sich am Hund; der Hund misst sich am Menschen. Der Mensch misst sich an? Messen wir uns an Vätern, Müttern, Kapazitäten, Helden, dann müssen wir immer mit hängender Zunge leben. Denn es gibt immer welche, die besser, schneller, reicher, klüger sind. Wenn wir unterworfen wären der Hitparade irdischer Werte, müssten wir rackern ohne Ende, müssten zu Schönheitsoperateuren, müssten fitter und klüger werden, immer mehr, und könnten nur seufzen: »Wann werd ich erlöst aus diesem Hamster-Laufrad-Leben?«

Doch wir haben eine zentrale Instanz, an der wir unser Maß nehmen dürfen. Das ist kein Fremdes. Wir verzehren uns ja nach einem Auge, das uns überblickt, das mein/dein wahres Wesen ans Licht befördert. Das ist das Christenwissen im Kern: Es ist einer da, der dich erhebt wie eine köstliche Perle, der dich freispricht zu deinem Maß. Wie du gern leben willst, so geschehe dir im Rahmen der Umstände.

Das passende Gebot dazu heißt: Arbeite mit, dass das Leben dir seinen Ertrag gibt. Aber den Feiertag sollst du heiligen.

Wir sind »eine Gesellschaft mit beschränktem Arbeitsbedarf« (Botho Strauß). Wir lernen wieder, dass es uns gut tut, arbeiten zu dürfen. Es ist in uns eingepflanzt vom Schöpfer die Lust, selbst was zu erschaffen. (Darum scheinen auch Frauen, weil sie – potentielle

– Gebärerinnen sind, vom Ursprung her einen Vorsprung Selbstgewissheit vor dem Mann zu haben, der erst mal was zustande bringen muss.) Ein Haus bauen, Brot backen, Bäume pflanzen ist unmittelbar einleuchtende, sinnvolle Arbeit. Aber fragt man, wo die Werte geschaffen werden, denken wir natürlich an Industriearbeit und Handwerk und Landwirtschaft, also an das produzierende Gewerbe. Heute wird ein Vielfaches pro Arbeitskraft hergestellt, wir brauchen für die Produktion immer weniger Zeit: Vor hundert Jahren wurde der Eiffelturm aus siebentausend Tonnen Stahl gebaut. Heute käme man mit zweitausend aus, weil der Stahl haltbarer ist. Heute kann ein Arbeiter so viel Stahl produzieren wie damals dreißig. Also müsste man heute mehr als hundert Türme bauen, um gleich viele Menschen zu beschäftigen wie damals für den einen Turm.

Das lässt uns achten auf die Berufe, die Dienste leisten: die pflegen, verkaufen, unterrichten, leiten, unterhalten, bewirten: Die Dienst leistenden Berufe besorgen auch Werte. Fürsorge, Ordnung, Wissen, Recht, Bildung, Frieden sind doch wahrlich auch Werte.

Und die nicht dem Erwerb dienende Arbeit muss wieder zu Ehren kommen: Kinder erziehen, ein Zuhause erarbeiten und erhalten auch für andere; jeden Tag durch Putzen, Spülen, Einkaufen, Kochen den alten Zustand wiederherstellen; und Menschen behüten, pflegen, sie in ihrer Würde bestätigen, ist Arbeit am Gelingen von Gemeinschaft.

Die ehrenamtliche Arbeit ist kostbar – und unbezahlbar. Wir müssen uns die Arbeit zurückholen von den Hauptamtlichen, den Fachleuten. Besser gesagt, die Fachleute müssen wieder ihre dienende, zuarbeitende Rolle einnehmen. Die Unbezahlten müssen das Sagen haben, in Politik, Kirche, Kunst, die Bezahlten werden (wieder) weisungsgebundene Zuarbeiter.

Es ist ja nicht so, als ginge uns die Arbeit aus, wir alle brauchen doch Hilfe von allen. Hilfe macht Arbeit. Und auch die Liebe macht Mühe. »Man müht sich, um das, was man liebt. Und nur, worum man sich auch müht, liebt man« (Erich Fromm). Bedenk nur, wann du zuletzt ein Fest gegeben hast. Schon lange nicht mehr? Du klagst über zu viel freie Zeit? Lad ein zum Nachbarschaftsfest, eben so.

Es ist ein Glück, dass wir zu eigener Hände und Gedanken Arbeit berufen sind. Es ist Gnade, selbst anpacken zu können und hoffentlich eine Tätigkeit zu haben, die die Fähigkeiten des Ausübenden steigert. »Hindern dich Umstände an der Entfaltung deiner Tätigkeit? Dann wirke auf die Änderung der Umstände hin, und du hast darin deine Tätigkeit« (Ludwig Hohl).

Herrlich, »wenn der Bauer die Ernte eingebracht hat vor dem Regen und ins Bett fällt wie ein Stück Fracht« (Uwe Johnson). Es gibt auch Tage, da man enttäuscht von Vergeblichkeit ist. Da hat sich viel angesammelt an unterdrückter Wut, z.B. bei Taxifahrern, die die Ungeschicklichkeit der Privatfahrer täglich stundenlang aushalten, oder bei Lehrern.

Ja, es ist auch Mühsal mit der Arbeit verbunden, vor allem wenn sie nicht ankommt gegen den Hunger der Kinder und Obdach kaum besorgen kann. Arbeitskraft verbraucht sich, Geldkraft vermehrt sich – dies ist der Fels der Ungerechtigkeit. Dass wir, wenn wir gut bezahlt werden für unsere Arbeit, auch gut für die Gemeinschaft löhnen, sollte das Mindeste sein. Steuern wegdrücken, hast du das nötig? Letztlich vermehrst du nur dein Erbe, und zwar für die, die vielleicht nur abgelenkt werden von ihrer Sache. Steuern zahlen, auch für die Kirche – gut, wer's kann. Er soll ruhig ein wenig stolz drauf sein. Das wichtigste beim Thema Arbeit aber ist: Der Gott, der selbst noch am Werk ist, die Schöpfung zu vollenden, ruhte am siebten Tag. Stark, dieses Bild: Wir sind befreit vom Rackern und Sorgen am laufenden Band. Mindestens ein Tag in der Woche ist uns vom Herrn der Zeit zur Ruhe verordnet. Wir dürfen müde werden, Verantwortung abgeben, wir dürfen feiern und fröhlich sein und es uns gut sein lassen. Auch nach getaner Lebensarbeit den Kindern, den Enkeln, wenn's gewährt ist, vom Balkon des Lebens aus zuzuschauen und sie loben, anerkennen, sie fördern, das sei uns gegönnt.

Wir sind verantwortlich und zuständig im Rahmen unserer Begabungen und unseres Wissens. »Einer trage des andern Last (mit)« (Gal 6, 2); »was ihr euch wünscht von anderen, das tut ihnen auch« (Mt 7, 12)! »Arbeite, auch um dem Bedürftigen was abgeben zu können« (Eph 4, 28). Aber du sollst den Feiertag heiligen, du sollst auch ruhen. Gott hat das Leben so eingerichtet, dass von 168 Wochenstunden ein Drittel Arbeit, ein Drittel Schlaf, ein Drittel Gemeinschaft, Freude, Nachdenken und Spiel sein darf.

Den Feiertag heiligen heißt nicht zuerst Kirchgang, als wäre der Gottesdienst eine Arbeit, mit der wir Menschen Gott dienen. Sicher freut sich Gott an unserm Dank, aber Dankveranstaltungen schätzt er wohl nicht, es sei denn, wir brauchen sie. Wenn wir danken dem Lebenshintergrund – oder wie du Gott nennst –, ehren wir uns damit selbst zuerst, weil wir zeigen, wir sind keine Klotzköpfe, die sich nur selber auf die Schultern klopfen.

Aber Gott ist am meisten damit gedient, dass seine Schöpfung gern ist, was sie ist: also du gern du bist und andern hilfst, gern sie zu sein. Dann entringt sich unsern beseelten Körpern wie von selbst ein »Lobe den Herrn« in vielen Strophen. Ja, auch wenn wir arbeiten: Aber Gott ehrt uns, wenn wir arbeiten, doch er liebt uns, wenn wir spielen (Rabindranath Tagore).

Drei Felder zum Beispiel, wo Feiern gelingen möge: Fußball – mitjubeln, mit enttäuscht sein, am besten im Stadion, jeder ein Glied am Vereinskörper, man bildet die Lunge für die Kämpfer da unten, leidet mit, siegt mit; und geht dann hoffentlich wieder gern an sein Eigenes. Oder das festliche Feld Musik: Wenn wir große Musik hören, sehen wir Gott aufkeimen, »Bachs Werk ist doch gottgebärend, nach einem Oratorium, einer Kantate muss Gott existieren« (Émile M. Cioran). Auch deine Seele ist von Musik unterkellert. »Ohne Musik wäre das Leben ein Irrtum« (Friedrich Nietzsche). Und das weite Feld des Liebens: Es ist, als schöpften wir aus einem Brunnen, der uns beiden gehört, und wir reichen uns zu trinken, immer wieder, ohne dass unser Durst nachließe oder das Wasser fad schmeckte … Die Wechselseitigkeit, die zwischen uns ist, ist die Liebe, das Wasser des Lebens. Liebe bessert einen (so schwärmt Péter Nádas).

Fußball, Musik, die Liebesumarmung – Felder von Ganzheit tun sich auf. Und der Gottesdienst zelebriert dies Zusammengehören, feiert den »Freudenmeister« Gott-Christus und benennt Gut und Böse, Geborenwerden und Sterben, Brechen und Bauen als die zwei Seiten des einen Ganzen. Gottesdienst bringt zur Sprache, was wir auf den Feldern des Lebens tun.

Den Sabbat, den Sonntag heiligen, den Tag des Herrn achten, das geschieht, wenn wir daraus Kräfte des Zusammenhaltes ziehen. Beten ist doch mich in Gott reindanken oder reinweinen, je nachdem, wie mir ist. Gottesdienst tut gut: Kirchenlieder lassen einem das Herz aufgehen; Texte der Bibel klären weiten Horizont, eine Predigt kann stärken, standzuhalten; und ich fühle mich in der Gemeinde als Glied der Menschheitsfamilie.

Vielleicht hat einer auch beim Angeln umfassende Gedanken, aber Trost oder Mahnung der Natur hören – da muss man schon zwischen den Zeilen der Natur lesen können. Ja, »lieber in Krog setten un an God denken als in de Kark setten un an Krog denken« – diese norddeutsche Weisheit stimmt schon, aber wer will im Krog sein Kind taufen, wer dort mit andern deutlich beten? Wir brauchen doch Lebensmut, Gottvertrauen, die Zusage: Gut, dass du da bist und du bist, und zwar geschöpft aus Texten mit heiligem Gedächtnis. Wir können unsere Gotteskarätigkeit nicht aus unserem Besitz ablesen.

Alles Wichtige ist nicht zu kaufen. Geld kann uns ernähren, Leben muss man erleben. Da ist der Schiedsspruch »Du darfst Feiertag halten« eine Offenbarung. So lädt der großzügige Gott ein, du darfst jeden Tag deinen Feierabend halten. Und jede Stunde nimm dir deine drei Minuten Auszeit: Bewusst atmen ist schon eine Art Gottesdienst; augenblicklich spürst du, wie Gott für dich arbeitet, du brauchst nur mitzumachen. Du brauchst nur hören, wie es in dir atmet – wie Gott in dir Atem schöpft –, und auf dem Grund deiner selbst ist Ruhe. Und aus der Ruhe kommt die Kraft.

Heute wird viel von der gesellschaftlichen Bedeutung des Sonntags gesprochen. Wohl wahr, der Rhythmus der Woche mit dem freien Wochenende oder -anfang hat verbindende Kraft. Aber in unserer arbeitsteiligen Welt ist schon jeder dritte Arbeitsplatz gleitend. Die katholische Kirche unterstützt die Forderung nach Kirchgang durch häufiges Angebot. Wir Evangelischen müssen auch irgendwo in der Nähe wochentags Gottesdienst mitfeiern können. Wenn unsere Kirchen geschlossen sind aus Angst vor Vandalismus, kann doch ein freiwilliger Dienst stundenweise die Kirche offen halten, und der Pastor/die Pastorin richten da ihre Sprechstunde aus, bestellen in die Kirche Menschen zu Gesprächen, die Jugend bekommt auch einen Seitenraum und der Organist/die Organistin üben bei geöffneter Kirche. Kerzen sind entzündet, auf dem Altar leuchten frische Blumen, und ein Gästebuch hält Platz bereit für Gebete, und vor allem steht die Kirchentür weit auf. Wir werden die Kirchengebäude den Menschen zurückgeben; ein Gebäude für zwei Stunden Nutzung in der Woche ist nur Verschwendung und Denkmal der Phantasielosigkeit.

Es bestand für die evangelische Kirche nie eine Chance, den Bußtag als staatlichen Feiertag zurückzuerstreiten, nachdem die Kirche selbst diesen Feiertag blutleer, lieblos bloß abgehakt hat. Aber das Getöse um diesen Tag schützte vielleicht die Feiertagsruhe für den Sonntag ein wenig mehr. Im Übrigen sind wir zur Freiheit berufenen Christen doch wohl auch fähig, den persönlichen Rhythmus zu finden. »Heilige den Feiertag« ist auch Einladung: Such für Arbeiten und Beten, Feiern und Lieben dein Gleichgewicht.

Das Leben heiligen: Schatzhaus Kirche

Kirche mit dem Zentrum Gottesdienst manifestiert, gestaltet, sichert das Zusammengehören der vielen Facetten des Lebens. Den Feiertag heiligen, daraus Kräfte des Zusammenhaltes ziehen – das ist vorzügliche Aufgabe der Kirche. In schnelllebiger Zeit zur Seite gerückt, ist sie nötiger denn je zuvor. Sie besorgt Lebensmut, Wertewissen, Zusammenhalt. Kirche bürgt für das Wesentliche: Nicht Familie, nicht Volk, nicht Besitz, nicht Egomanie machen uns aus, sondern Kindschaft bei Gott und was daraus folgt: Talent zu leben.

»Darin liegt die Schuld dieser Zeit, dass sie immer des Schmerzes und des Zwanges bedarf, um eine Wahrheit zu erahnen, die sich auch im Glück findet, wenn das Herz seiner würdig ist«, sagt Albert Camus. Das kann die Substanz der Kirche ausmachen: Die Wahrheit starrt uns quälend an, wenn wir mit unsern eigenmächtigen Entwürfen an die Wand geknallt sind und zur Demut hingerissen werden durch Schmerz – aber Kirche hilft, »würdigen Herzens« im dankbaren Dasein die Wahrheit zu finden.

Kirche gibt dem Lebensbogen Halt. Dem zur Welt Gekommenen gibt sie mit der Taufe das Zeichen der Gottgehörigkeit; Jugendliche konfirmiert sie in Vertrauen und Verantwortung, Paare bestärkt sie im Glauben, einander anvertraut zu sein; beim Begräbnis verkündet sie das Nachhausekommen. In Unglücksfällen, wo das Lebens- und Gottvertrauen zu zerreißen droht, beschwört sie Gottes Beiunssein. Auch der Staat, bei Polizistenmord zum Beispiel, sucht den Gottesdienst, um die Sinnlosigkeit zu bannen.

Kirche hält auch die Fragwürdigkeit des Augenscheinlichen offen und stiftet an zur Wahrheitssuche; »Nur Bares ist Wahres« – da hält sie gegen, auch gegen »Alles, was machbar ist, muss auch gemacht werden«. Kirche stiftet an, die Menschenwürde zu schützen, sie pflegt Frömmigkeit und Ehrfurcht, ruft den Staat auf, den Respekt vor dem Einzelnen zu sichern gegen die Allgewalt des Marktes. Kirche ist vom Wesen her Hort der Freiheit, weil der Gott der Liebe die Freiheit seines Geschöpfes Mensch will. Darum ist nur freiwilliges Zugehören möglich. Natürlich hat auch Treue, Anhänglichkeit, Solidarität mit Kirche ihren Wert, auch eine Kulturverpflichtung ist achtbar – »Ich finanziere ja auch Opernhäuser mit, ohne dass ich hingehe«, sagte einer und ein anderer: »Gerade, weil ich Kirche zur Zeit nicht brauche, will ich, dass sie da ist für diejenigen in Not. Kirche ist doch für Krisen da.« Und ein anderer: »Ich bin religiös, nicht musikalisch, doch es könnte ein Mangel sein. Darum trag ich Kirche mit.«

Kirche muss letztlich Freude machen, muss Zugewinn an Freundschaft bringen, Heimatgefühl wahren, Trost bereithaben. Früher hatte die Kirche »die heiligen Gnadenmittel«, die Vergebung in den Sakramenten zur Verfügung. Heute hat das Evangelium von der bedingungslosen Liebe Gottes gegen alle Kreatur die Menschen erreicht, jedenfalls so weit, dass keiner mehr zur Kirche muss, um sich das Jenseits zu sichern.

Zweifel an der Existenz Gottes gehören zur Allgemeinbildung. Aber der Kinderglaube hat sich meist durchgehalten und mit technischer Intelligenz vermischt zu eigenwillig zweckvoll-frommen Weltbildern: Der Eigennutz profitiert davon, dass der andere am gemeinsamen Geschäft weiter Interesse hat; Engagement für die eigene Tasche und Verzicht auf grobe Steuerhinterziehung werfen auch Soziales ab. Fairness, Rücksicht, Toleranz ist in Maßen vorhanden, auch Freundschaftlichkeit. Es wird beachtlich viel gespendet. »Leben und leben lassen« und »Es muss doch alles gut werden« sind noch als kleine Münzen ehemals großer Glaubensschätze gültig. »Dienen« gewinnt wohl wieder an Stellenwert, Pflege der Kunden braucht gehörig viel Menschenliebe, ohne soziale Kompetenz ist kein Aufstieg. Es stimmt wohl: »Weit über die Blässe des offiziellen Kirchentums ist die Welt eine christuserfüllte Welt« (Eugen Rosenstock-Huessy).

Aber man will sich selten als aktiver Christ outen, allzu viel Engagement hat Sektenanstrich. Regelmäßiger Kirchgang riecht verdächtig nach Heuchelei – dabei ist es doch so: Früher war der Kirchgang konform, heute ist es das Zuhausebleiben.

Es gibt Anzeichen, dass Kirche nach zwei Jahrtausenden von vielen in die »Abteilung für tote Ideen« abgestellt wird und mangels öffentlichen Interesses und Geldes ganze Arbeitszweige absterben. Es gibt die These, dass in den östlichen Bundesländern die Zukunft der Kirche schon Gegenwart ist. In den neuen Bundesländern sind noch 25 Prozent der Bewohner in der Kirche, in Westdeutschland noch 80 Prozent. Während nur jeder zehnte Westdeutsche jede Form von Gottesglauben ablehnt, soll dies im Osten bei jedem zweiten der Fall sein. Der letzte gesamtdeutsche Kirchentag vor der Mauer versammelte in Leipzig 1954 noch 650.000 Menschen zur Schlussversammlung; den Abschlussgottesdienst des ersten gemeinsamen Kirchentages nach der Wende 1997 feierten gerade 90.000 Teilnehmer, nur zu einem Viertel aus Ostdeutschland. Mehltau scheint über dem einst urreformatorischen Kirchenland zu liegen. Verloren hat der Protestantismus seine kulturelle Kraft, die in den Jahren der SED doch die geistige Opposition nährte.

Die staatliche Kirchenfeindschaft von 1933 bis 1989 hat zwei, drei Generationen mitgeprägt, jegliche öffentliche Äußerung von Religion war verachtet, biblisches Wissen wurde aus dem Kanon der Allgemeinbildung getilgt, Christen waren von gesellschaftlich relevanten Berufen ausgeschlossen, die westdeutschen Kirchen als Nato-Kirchen niedergemacht. Die Jahre zählten nicht mehr »nach Christi Geburt«, sondern »nach unserer Zeitrechnung«.

In ganz Deutschland lassen weniger Eltern ihre Kinder taufen, weniger Jugendliche gehen konfirmiert ins Leben, weniger Paare lassen sich trauen, weniger Menschen werden mit Vaterunser zu Grabe getragen. Weniger Kirchensteuern werden gegeben, Pfarrstellen zusammengelegt, diakonische Einrichtungen dezimiert, Kirchenzeitungen mangels Abonnenten eingestellt. In Zukunft werden Kirchenvereine erblühen, wo Menschen Kirche von Herzen wollen. Anderswo werden Kirchen schließen, Seelsorgende müssen von weiter her herangerufen werden. Dass man noch seinen Pastor, seine Pastorin hat, ist schon heute nur noch ein Sonderfall.

Vorbei sind die Zeiten, wo der, der mit Heiligem umgeht, für heilig gehalten wird. Immer mehr wird die Person das Amt tragen, die Menschlichkeit des Seelsorgenden wird das Amtliche, wo es noch nötig sein sollte, erträglich machen. Kein Taufwunsch wird bald mehr abgelehnt, weil Eltern nicht der Kirche angehören – dieses Amtliche war immer herrisch verderbt, endlich ist es kraftlos.

Noch kann Kirche flächendeckend wirken, kann in Dorf oder Stadtteil die Service-Station sein fürs Seelische und Soziale. Gut, wenn die Kindergärten noch bei der Kirche sind und die Sozialstationen wenigstens in der Nähe. Die Ausgliederung der Familien-, Ehe-, Abhängigen-Beratung in diakonische Zentren war aus Kostengründen unvermeidlich, beraubte aber die Gemeinden und nahm den Mitarbeitenden ihren Wurzelgrund Ortsgemeinde. In manchen Großstädten sollen weniger Menschen zum Gottesdienst gehen, als es dort kirchliche Mitarbeiter/innen gibt – ein Alptraum, wenn das stimmte.

Noch sind Gottesdienst und Seelsorge fast nebenan zu haben; ob sie noch erneuert und reformiert werden können, ist die Frage. Sonst wird vieles platt gemacht von der großen Walze Effizienz. Zu Recht bezahlt die Gesellschaft nur, was sie braucht. Aber auch öffentliches Fernsehen, Theater, Konzerte rechnen sich nicht, und doch sind sie wichtig. Einander verstehen, merken, was wir einander antun, für Innen sorgen – das muss sein.

Sicher nutzt man Kirche in verschiedenen Lebensphasen verschieden und über Jahre hin vielleicht auch gar nicht. Aber dass Kirche bleibt, dafür sind die allermeisten Mitmenschen. Allein schon, dass in Urlaubszentren doch fast jeder auch den Dom betritt und mit einiger Andacht die hohen Hallen und ernsten Antlitze auf den Bildern mustert; allein schon, dass man sich in eine Bank setzt und Stille in sich einkehren lässt, das entbindet in uns doch Gefühle von Ganzheit und Zugehören. Kirchen müssen sein als Heilorte allerorten. Noch dass Kirchen mit oft menschenverachtenden Parolen beschmiert werden, zeigt ihren hohen Stellenwert als Klagemauer und als Beschwerdestelle, die noch zu Gott einen Draht hat.

Wichtig ist im Wohnquartier eine Stelle, die für Menschlichkeit zuständig ist neben Arzt und Laden, Schule, Polizei und Nachbarn. Wo man reden kann und weinen, sich Rat holen kann und Vergebung, Lebensmut und Selbstvertrauen – also Seelsorge. Und wo die Quelle für Lebensmut und Lebensmaß sprudelt, wo das Feuer der christlichen Überlieferung Wärme abstrahlt: Gottesdienste fördern das heiße Medium Gottvertrauen, verflüssigen unser Inneres durch Musik und Gebet. Menschen singen und beten mit, sprechen sich vor Gott aus und gehen gesegnet wieder an ihr Eigenes.

Schlüsselfigur auch der Kirche der Zukunft bleibt wohl der Pastor, die Pastorin; der Hirte, die Hirtin; nicht kirchenbeamtet unbedingt, aber geistvoll, menschenfreundlich, zuhörfähig, verbindend, Spezialist für Lebensläufe – der gute Mensch von nebenan. Je weniger Volk und Familie die Menschen zentriert und je mehr als wichtigste Fähigkeit die Zahlungfähigkeit gilt, desto flacher verwurzelt in sich sind die Persönlichkeiten. Wir brauchen das Eingebettet-sein in ein Gutes Ganzes, wofür der priesterliche Mensch der Bürge ist.

Wir brauchen seelenkundige Mitmenschen, die Spezialisten sind für beschädigtes Leben; und Predigende, die Fröhlichkeit verströmen und Lebenskunst uns beibringen anhand des Vorbildes Jesus und ernst uns auf die christliche Pflicht zur Nächstenliebe hinweisen. Sie müssen hinhören, auf die Mitmenschen, auf die Erinnerung geschehener Gottesbegegnungen und auf den inneren Dialog, der sich (hoffentlich) in ihnen mit dem Ewigen begibt.

Auch wäre ihnen ein Hauch Charisma zu gönnen, womit selbst Dämonen in den Dienst des Guten zu zwingen sind. Sie sollen nicht gutheißen, was Tand oder Schlimmeres ist; sollen nicht segnen, was Verderben bringt; Fachmensch für Beziehung sollen sie sein mit einer unsichtbaren Nabelschnur zum Heiligen, offen sollen sie sein, zugewandt, verschwiegen. Nach Besuch bei ihm soll man sich besser fühlen, weil man einen Menschen traf, der Prediger war und Ratgeber, Priester, Geschwister und Im-Selbstbewusstsein-Stärkender.

Die Schwierigkeit, Pfarrer/in zu sein, liegt in der Übereinstimmung von Person und dem, was er/sie mitteilen soll. Immer weniger trägt das Amt die Person, immer mehr überzeugt nur der Mensch. »Brief Christi« sind nach Paulus (2 Kor 3, 3) die Christen, Salz sollen sie sein, Licht (Mt 5, 13 f.). Was Nietzsche den Christen vorwarf: »Erlöster müssten sie aussehen, wenn ich an ihren Erlöser glauben soll«, gilt erst recht für die Hauptamtlichen.

Ein anderer Schmerz der Pastoren ist: »Als Bürge für morgen klopfen sie an die Tür und als Bürge für gestern werden sie eingelassen« (Ernst Lange). Aber in der hetzenden Zeit, wo soviel Bindungen reißen, ist ein vertrautes Gesicht schon eine vertrauensbildende Maßnahme des Lebens.

Den Feiertag heiligen – wenn Kirche dafür was tun will, außer Sonntagsarbeit zu erschweren, dann soll sie Gottesdienste halten, die eine Lust sind. Aber weil man das nicht »machen« kann, werden soviel Verlautbarungen produziert und immer noch Liturgien zelebriert, als müsste ein orientalischer Gottkönig besänftigt werden.

Wahrheit will eine gemeinsame Sphäre erzeugen (Peter Sloterdijk). Und die darf nicht langatmig sein. Was jeder für sich ist in seiner Einmaligkeit und, dann noch, was wir zusammen sein sollen, das ist wunderbar, ergreifend, ansteckend. Aber Farben, Töne, Bilder, Bewegung müssen hinzu, damit wir uns fühlen können und Denknahrung und Erlebnisse mit nach Hause zu nehmen sind. Wenn die Kirche aus ist, fängt der Gottesdienst der Woche an; mit aufgetankter Seele, hoffentlich.

Die Gemeinde hält Gottesdienst und Seelsorge; der Pastor, die Pastorin ist nur erster Diener, erste Dienerin der Gemeinschaft – was zuallererst an den Ehrenamtlichen sich zu bewähren hat. Alle Mitarbeitenden haben hoffentlich ein von Freundschaft erleuchtetes Wesen. Die Mitglieder des Kirchenvorstandes betreiben Gemeinde mit anderen, die zu Arbeitsgruppen und Spiel, Denk- und Nachbarschafts-Projekten sich zusammenfinden. Und so nötig ist es, die Kinder einzuweisen in die Mutmachgeschichten der Christenheit.

Der allerwichtigste Rohstoff für Zukunft ist das Wissen, dass wir dem gehören, der die Quelle der Zeit ist. Gott, die lebendige Mitte, steht zu uns in lebendiger Beziehung und wir zu ihr; und darum wir untereinander auch. Dies Wissen zu bewahren und zu gestalten, dafür ist Kirche da und wird im Rahmen dieser Sorge immer nötig sein.

Du sollst deine Eltern ehren, du sollst deine Kinder ehren

Das vierte Gebot

»Du sollst Vater und Mutter ehren« (2 Mose 20, 12). – »Der Eltern Segen baut den Kindern Häuser; Eltern verachten bringt Schande über dich selbst« (Sir 3, 11.13). – »Und ihr Väter, reizt eure Kinder nicht« (Eph 6, 4).

»Das Gebot fordert«, so Martin Luther, »daß man die Eltern für herrlich und wert halte als den höchsten Schatz auf Erden. Darum man in Worten auch züchtig mit ihnen spreche, sie nicht böse anfahre, nicht gegen sie poltere sondern man lasse sie recht haben und beiße sich auf die Lippen, wenn sie auch mal den Bogen überspannen.

Und man diene ihnen mit Leib und Gut, helfe und besorge wenn sie alt, krank, gebrechlich oder arm sind, und solches nicht nur gern sondern mit Demut und Ehrerbietung als für Gott getan. Laß sie nicht Not leiden sondern setze sie über und neben dich und mit ihnen teile, was du hast und vermagst.«

Dagegen Marie Luise Kaschnitz in ihren Aufzeichnungen: »Es ist, als läge kein Segen mehr auf der alten Eltern-Kinder-Beziehung, wobei man an die äußersten Fälle, wo Söhne ihre Väter verprügeln oder Mütter ihre Kinder im Dreck ersticken lassen, noch gar nicht einmal zu denken braucht. Eine Gnadenlosigkeit liegt im Allgemeinen über Eltern und Kindern heutzutage.« Ja, es häufen sich die »weggeworfenen Eltern« – so nennt man in den USA die Altgewordenen, die arm oder verwirrt ohne Fürsorge der Kinder ihr Leben fristen müssen.

Immer wohl war es strittig, wie viel Achtung und Versorgung den machtlos gewordenen Eltern noch zustehe. Immer schien Dank unsicher: »Eine Mutter kann zwar acht Kinder großkriegen, aber acht Kinder können nicht eine Mutter fürsorglich altbekommen«, sagt man ja. Um nicht der Gnade von Kindern anheim zu fallen, hielten in vielen Kulturen die Alten ihren Besitz fest bis zur bitteren Neige: »Man zieht sich nicht aus, bevor man sich (endgültig) zu Bett legt«, heißt ein Warnwort unter niedersächsischen Bauern.

Argwohn der Alten gegen die Jungen und Argwohn der Jungen gegen die Alten begleiten die Menschheit. Kaiser Alexander fand die Wünsche seiner Mutter so überspannt, dass er sich zum wohl bösesten Sohneswort hinreißen ließ: »Du lässt dir das Quartier von neun Monaten aber teuer bezahlen.«

Viel Liebe und viel Missverstehen, Eifersucht, Rivalität ist zwischen den Generationen. Väter und Söhne ist ein Kapitel; Mütter und Töchter, Väter und Töchter, Mütter und Söhne andere – unendlich die Irrungen und Wirrungen.

»Du sollst Vater und Mutter ehren« ist übrigens der erwachsenen Gemeinde gesagt; du Starker sollst deine altgewordenen Eltern ehren. Kinder und Jugendliche gehorchten selbstverständlich. Kinder waren ja wie das Vieh Besitz. Doch im Neuen Testament heißt es auch: »Und ihr, Väter, reizt eure Kinder nicht zum Zorn« (Eph 6, 4). Und Jesus glasklar: »Wer ein Kind zum Abfall verführt, für den wäre es besser, dass ein Mühlstein an seinen Hals gehängt und er ersäuft würde im Meer, wo es am tiefsten ist« (Mt 18, 6). Sicher auch ein Drohwort gegen Kinderschändende – sie vergiften den Opfern das Lieben möglicherweise fürs Leben, reißen ihnen das Vertrauen ins Leben aus dem Leib und verführen so zum schlimmsten Abfall: sich selber für Abfall, Abschaum zu halten.

Das vierte Gebot meint sicher: Du sollst deine Eltern ehren, du sollst deine Kinder ehren. Schon in früher Zeit Israels war ja das Kind das Ziel des Lebens: Abraham und Sarah sollten Eltern des Gottesvolkes werden, ihr einziges Wichtigsein war die Hervorbringung Isaaks. Durch die Jahrtausende galt: Nichts war schlimmer als ausgebliebener Kindersegen. Die Ehre wurde weitergegeben in die nächsten Generationen, oder es ist, als wäre man nie gewesen.

Im 1. Buch der Könige, 3. Kapitel, wird eine weitere Schlacht für das Recht des Kindes geschlagen: König Salomo setzt zur wahren

Mutter diejenige Frau ein, die dem Kind dient – die lieber das Kind fahren ließ, als dass es in Stücke gerissen werde zwischen den streitenden Frauen. Das gewichtigste Argument zur Privilegierung der Kinder aber ist wohl, dass sie weitergeben werden, was sie selbst erfahren haben. Geehrt, werden sie ehren, einst verachtet, werden sie verachten; das ist wohl die Regel.

Auch dieses vierte Gebot hat der Schöpfer in uns gelegt. Wir wissen es von innen her, gerade wenn wir die Eltern verachten oder wir dem Kind weh tun, wir wissen: In gleißenden Buchstaben ist in uns geschrieben: Du sollst ehren, Vater, Mutter, Kinder.

Kinder ehren als Kinder Gottes, das wäre es. Nicht sie für Besitz und Lebenssinn halten: »Ich hätte so gern Kinder gehabt, vor allem eine Tochter, ich kann so gut nähen.« Nicht als Verlängerung stolzer Eltern zur Weiterführung der schon so lange im Familienbesitz befindlichen Apotheke, nicht als Produkte eigener Fortpflanzung, die dann willfährig deren beste Qualitäten veredeln sollen. Gegen diesen Elternhochmut redet Jakob an (zum Knecht Elieser in »Joseph und seine Brüder« von Thomas Mann): »Der Zeugende ist nur Werkzeug der Schöpfung, blind, und weiß nicht, was er tut. Da wir den Joseph zeugten, zeugten wir nicht ihn, sondern irgendetwas, und dass es Joseph wurde, das tat Gott. Zeugen ist nicht Schaffen, sondern es taucht nur Leben in Leben in blinder Lust; Er aber schafft.«

»Ehren wir doch gebührend das fremde, herüberkommende Wesen, das noch anderen Mächten nachlauscht, die es zur Welt brachten. Begrüßen wir doch den plötzlich Eintretenden, den wir nicht kennen. Er wurde aus unendlicher Weisheit vertrieben« (Botho Strauß). In uns soll er Engel, Helfer, Gottes Gefährten finden. Es gelte: »Ehre die Eigentümlichkeiten und die Willkür deiner Kinder, auf dass es ihnen wohl gehe und sie kräftig leben auf Erden« (Friedrich Schleiermacher).

Wir dürfen sie keinen Augenblick anzweifeln. Sie erfreuen, sie beschützen wollen, im Schlaf sie besehen; sie im Horizont ihrer künftigen Chance halten: dass sie mündig sein werden, für sich selbst sprechen können, ihnen nicht befehlen, möglichst nie, das wäre gut. Ja. Eltern, Lehrern, Ausbildenden – ihnen gehen auch die Nerven durch. Erziehende sind ja selbst nicht Wohlerzogene durch und durch; sind oft überfordert damit, Vorbild sein zu sollen und zu wollen. Wenn uns dann das Kind entlarvt: »Papa, Mama, du hast mir ein billiges Fahrrad gekauft, ich weiß, was es gekostet hat«, dann kann man schon hassen, das Kind, sich, die Umstände.

Wir Erwachsene sollen Gefährten, Helfer, manchmal Diener des Kindes sein, niemals Herrscher; wir sollten unser Einsehen als Vorschlag hinstellen. Den Willen des Kindes ehren, ihn nie brechen, ihn in Verhandlungen locken, ihm entgegenkommen, das wäre gut. Unser Zorn stammt aus unsern eigenen Konflikten, wir wissen es. Wir wollen nicht das Kind verantwortlich machen. Wir wollen Fehler eingestehen lernen. Unser Wort soll auch gegen uns gelten.

Wir wollen keine Fallen stellen, keine List anwenden, nicht verschleiern, nicht ängstigen, nicht Liebe entziehen, nicht isolieren, nicht Misstrauen säen, nicht demütigen. Wir wollen aufhören, vor anderen über unsere Kinder abfällig zu reden, wollen sie nicht beschämen; eher sich den Mund zunähen, als vor anderen sie bloßstellen. Und keine Gewalt anwenden, bitte, niemals Gewalt anwenden.

Wenn man bedenkt, dass gute Erziehung fast unmöglich ist, dann sollte man wohl Kinder nicht mutwillig ins Leben rufen, sollte allerhöchstens, wenn alle äußeren Umstände bestmöglich geordnet sind, Zeugung geschehen lassen. Kinder sind Gabe und Aufgabe. Keiner kann verantworten, einfach Kinder zu machen.

Elternsein ist riskant. Kinder lernen, was in der Familie wichtig genommen wird und was nicht. In Kindern haben wir Zeugen, Teilnehmer und Teilhaber am Privatesten. Dass wir gewürdigt sind, Gottes Kinder zu erziehen, ist grandios. Und dass wir es wert sein sollen, unsere Maßstäbe weiterzugeben, diese Ehre muss uns stärken, die Kinder sie selbst sein zu lassen.

Deuten wir mit ihnen Erfahrungen, stärken Mitleid auch mit King Kong. Sie mögen ihr eigenes Urteil bilden, in ihrem Gewissen vor Gott sich verantwortlich fühlen, schon sehr früh freigesprochen von uns. Kinder ehren heißt zuerst: »Schaffet die vielen Tränen der Kinder ab. Langes Regnen ist den Blüten schädlich« (Jean Paul). Was da Großeltern Gutes tun können an ihren Enkeln und diese an ihren Großeltern, ist noch ein Kapitel für sich, eines der glücklicheren im Buche des Lebens.

Dann aber auch: Du sollst Vater und Mutter ehren! Sie haben dich nicht ausgesucht, dich nicht erwählt, sie haben dich empfangen, sie bekamen dich anvertraut als Gabe und Aufgabe. Sie haben dir ins Leben geholfen, haben für dich gesorgt, sie waren dir als Eltern bestimmt. Ehre sie als Boten Gottes, als seine ersten Mitarbeiter an deinem Werden. Sie waren dir die besten, die erstbesten Eltern, die Gott für dich hatte; sie gaben dir, was sie konnten. Und was sie dir schuldig blieben, haben sie wohl schon selbst entbehrt.

Ehre sie vor allem damit, dass du, erwachsen geworden, sie nicht mehr verantwortlich machst für deine Zukunft. Klage nicht, was sie dir eingebrockt hätten. Stattdessen aufersteh und frag: Was mach ich aus dem, was in mir angefangen ist? Du bist nicht blinde Verlängerung deiner Eltern, sondern spätestens von nun an dein Autor. Spätestens von heute an schreibst du dein Drehbuch selbst. Du ehrst die Eltern, wenn du sie endlich freisprichst; ihr niemals endendes schlechtes Gewissen beute nicht mehr aus. Egal wie alt, wollen sie glückliche Kinder, aber sie sind nicht mehr für dein Glück und Unglück zuständig, sag es ihnen, zeig es ihnen.

Und, wenn es für deine Selbstfindung sein muss, reiß dich wie Franz Kafka los, der 36-jährig, fünf Jahre vor seinem Tod, an seinen Vater schrieb, er sei ihm so übermächtig, dass er noch im Lehnstuhl die Welt regiere und gar nicht aufhören könne, Recht zu haben.

Aber im Laufe des Lebens brauchen die altgewordenen Eltern die Kinder. Einst waren sie gefangen im Kraftfeld der Bedürftigkeit des winzigen Wesens (John Updike), jetzt dreht sich das Verhältnis um, und die Kinder werden eingefangen vom Kraftfeld der bedürftigen Eltern. Nur Recht ist es, ja Glück ist es, ein Stück Liebe zurückerstatten zu können. Es ist wirklich voller Verheißung, »auf dass es dir wohl ergehe auf Erden«. Denn Eltern begleitet haben, jedenfalls ihnen nahe gewesen sein bis zu ihrem Tod, das gibt einen Tiefgang sondergleichen für das eigene Altwerden. Es kann dann geschehen, dass man noch zum Lieben findet, so innig und einverständig, wie es vorher nie gelang.

Nicht selbstverständlich fallen die alten Eltern in die Obhut der Kinder. Gut, dass viel stellvertretende Zuneigung und Sorge in der Welt ist. Kindern obliegt es, die Pflege der Altgewordenen sicherzustellen im eigenen Haus oder im Altersheim; man muss sehen, was richtig ist. Meistens fällt die bezahlte Pflege leichter als die geschuldete. In bezahlter Obhut werden die Menschen älter, weil sie nicht zur Last fallen. Rund-um-die-Uhr-Pflege ist ohne professionelle Hilfe nicht zu schaffen. Vergleiche mit früher taugen kaum, schon weil die Großfamilien voriger Zeiten mit den vielen Helfern vergangen sind. Wir tun uns selbst keinen Gefallen, wenn wir unsere Kinder, sofern wir welche haben, bedrängen, uns mal nicht ins Heim zu geben.

Aber die Zeit macht die Kinder zu Sorgeverpflichteten/Sorgeberechtigten ihrer im Alter bedürftig werdenden, vielleicht auch kindisch werdenden Eltern. Für sie da zu sein ist Menschenpflicht, und dass Geschwister es einander lohnen, wenn einer einspringt, ist eine Frage der Ehre.

Die Jungen meinen, mit ihnen beginne die Geschichte; die Alten meinen, mit ihnen höre sie auf. Das ist der Pfahl im Fleisch der Generationen. Aber wir geben doch die Fackel des Lebendigen weiter. Ehren wir einander (1 Petr 2, 17) als Glieder der Kette, die das mühsam schöne Menschsein bildet.

Kinder als Segen. Die Stärkung durch die Taufe. Jesus lässt sich von Kindern stärken

»Die Missetaten der Eltern setzen sich fort bis in die dritte und vierte Generation; Barmherzigkeit pflanzt sich tausendfältig fort an denen, die Gott lieben und achten« (2 Mose 20, 3). – »Der Eltern Segen baut den Kindern Häuser, ihr Fluch reißt sie nieder« (Sir 3, 11). »Tut euren Welt-Dienst mit gutem Willen, letztlich als Gott getan und nicht nur den Menschen. Ihr wisst: Was ein jeder tut und lässt, das tut er im Dialog mit Gott. So erzieht auch eure Kinder. Väter, Mütter, lehrt sie die rechte Beziehung zu Gott, reizt sie nicht zum Zorn. Lasst das Drohen« (Eph 6, 4–9). – »Und Mütter brachten Kinder zu Jesus, damit er sie anrühre. Die Jünger aber wiesen sie ab. Als das Jesus sah, wurde er unwillig und sprach zu ihnen: Lasst die Kinder zu mir kommen, verwehrt es ihnen nicht; denn ihnen gehört das Reich Gottes. Ich sage euch: Wer das Reich Gottes nicht aufnimmt wie ein Kind, der wird nicht hineinkommen. Und er herzte sie und legte die Hände auf sie und segnete sie« (Mk 10, 13–16).

Die Jünger wollen den Meister schonen, sie halten Jesus für zu groß, als dass da einige Mütter mit ihren Kleinen ihn stören sollten. Gleich hat er schon wieder Termine, der Gott und Mensch Verknüpfende – da stehen Politik und Tempel auf dem Spiel, da muss er geistesgegenwärtig sein –, also: Ihr Frauen mit eurer Brut, trollt euch bitte.

Aber Jesus, sollte er geschlafen haben, hellwach wird er jetzt. Ein Sturm lässt ihn im Schiffchen herrlich schlummern, aber wie die Jünger zischelnd-herrisch die Frauen vertreiben, das brachte ihn hoch. Denn wie wir dem Kleinen, dem Schwachen begegnen, das entscheidet über Himmel und Hölle hier. Und Kinder sind Bürgen des Reiches Gottes; sie haben die Eierschalen des Himmels noch bei sich, so verstehe ich Jesus, sie haben das Leuchten Gottes noch auf ihren Antlitzen.

Kinder schlafen sehen – zu schön. Das Stärkendste überhaupt für Mütter, Väter, Menschen: Kinder gucken. Sie scheinen im Schlaf noch die Erinnerungen von Glückseligkeiten träumend zu wiederholen – soviel Lächeln geschieht ihnen und soviel Greifen hin, doch festzuhalten, was verweht.

Wenn nicht jede Generation aufgescheucht würde durch Kinder, von unten her aus den Angeln gehoben – wie würden wir versteinern im Perfektionieren einer matten Zufriedenheit. Kinder fallen uns in die Wirklichkeit. Sie zwingen und berechtigen uns, für ein anderes zu sorgen, sie stecken uns mit Zukunft an; sie nötigen uns, zu planen und endlich erwachsen, verantwortlich zu werden. Sie fördern uns, das Vertrauen wieder zu lernen, fromm zu werden.

Vielleicht geht uns die ganze Wunderbarkeit von Kindern erst als Großeltern auf, wenn man ihnen viel nachsinnt. Vorher hat uns die Wucht der Kinder in Bann gezogen, es gibt nichts Realeres als ein weinendes Kind.

Kinder machen wichtig, was wir denken. Auf einmal ist nicht mehr mein Reden nur Privatmeinung, die Kinder formen unsere Wörter nach, führen unsere Gesten vor, mit Kindern kommt es auf uns an. Wir werden geehrt und gebrandmarkt, zu überliefern, was uns wichtig ist. Und denken (hoffentlich) neu über Gut und Böse nach. Wir bekommen Zeugen; nahe, nicht abzuschüttelnde Teilnehmer unseres Lebens; ja, wir werden Teilnehmende ihres Lebens für lange. Sie werden uns beim Wort nehmen, uns konfrontieren mit unsern eigenen Unarten, sie werden uns mal fragen: »Warum hast du das getan?« Kinder erziehen zu mehr Menschlichkeit.

Wie wir unsere Eltern ehren oder eben nicht, so werden unsere Kinder es sich merken, wie man zu Eltern sich verhält. Und wie der Mann die Frau/die Frau den Mann achtet oder eben nicht, sondern ihn/sie heimlich oder offen verachtet – ihn/sie depotenziert eben durch Verspotten oder Darüberhinwegbügeln, was der Partner auch sagt; oder ob sie mit Wohlwollen einander zugetan sind – das lernen sie. Ob wir Respekt haben vor der Einzigartigkeit des andern, ob wir das Fremde für gleichwertig achten oder ob wir fremdeln aus Unsicherheit, das gucken sie uns ab. Sie übernehmen auch die Muster, wie zu Hause gestritten wurde: sich ducken oder auftrumpfen oder aber ein um Fairness bemühtes Streiten, das besseres Zusammenleben erarbeitet und jedem hilft, sein Gesicht zu wahren. Wenn wir sie viel ermahnen, werden sie vor allem das Ermahnen lernen. Aber wir werden geehrt von Gott, seine Kinder ins Leben zu geleiten. Es ist das Größte, das uns anvertraut werden kann.

»Ihr, die ihr doch schwierig seid, könnt dennoch euren Kindern gute Gaben geben« (Mt 7, 11) – damit sagt Jesus einen der tröstlichsten Sätze der Menschheit. Bitter nötig ist dies Aufrichten bei all den Fehlern, die wir zwischen Verwahrlosung und Überbehütung machen, bei all den Fehlern, die unsere Eltern an uns machten. Nötig ist dies Aufrichten auch, weil eine Reihe junger Erwachsener keinen Mut zum Kind mehr aufbringt.

Mut zum Kind ist ja was Neues. Erst seit eben einer Generation ist es daran, dass hier sich Menschen entscheiden können und müssen für Kinder. Und es gibt gute Gründe, nicht Eltern werden zu wollen. Jedenfalls ist der Auftrag aus der Frühzeit der Menschheit: »Seid fruchtbar und mehret euch« (1 Mose 1, 28) erfüllt. Man schätzt, dass es damals, vor vier-, fünftausend Jahren, vielleicht zwanzig Millionen Menschen gab, über eine leere Erde verstreut. Heute gibt es genug Menschen und genug Kinder; gesucht bleiben mütterliche, väterliche Menschen, Behütende, Chanceneinräumende. Nicht Zeugen und Gebären, sondern Sorgen in Liebe macht Elternschaft. Hauptsache für jeden Menschen ist, dass er Kinder fördert und sich ihrem Elan aussetzt. Das vollständige Fehlen von Kindern im Altenheim und auf Kreuzfahrten und im Gefängnis machten diese Aufenthalte jedenfalls in einer Hinsicht ähnlich.

Es gibt gute Gründe, auf eigene Fortpflanzung zu verzichten. Vielleicht kennt man sich zu gut, will sich nicht verlängern, will nicht im Kind sich noch einmal begegnen.

Aber Jesus erklärt: Ihr Schwierigen könnt doch Gutes geben; könnt vor allem Gutes nehmen: Kinder bringen ja Besserungskraft mit, sie bringen die Energien mit, die sie kosten. Sie wickeln in uns Ungeahntes aus: Am Kind und mit dem Kind können wir unser eigenes Kind in uns wieder zum Leben erwecken. Wir können das Leben neu denken mit den Augen unserer Kinder, können unsere Angst vor Spinnen uns abziehen durch den spielerischen Umgang des Kindes mit den Spinnchen – wenn die Kinder nicht schon vor aller eigenen Erfahrung den spitzen Schrei »iii« haben gellen hören. Wir können auch unsere Ehrerbietung vor Prominenten abstreifen durch den herrlich respektlosen Umgang der Kinder, wenn sie nicht schon verschüchtert gemacht worden sind.

Aber wir Schwierigen haben auch viel zu geben: erstaunlich, wie aus egoistischen Töchtern pflichtbewusste Mütter werden und aus Rabauken zärtliche Väter. Es ist eben in uns ein Ahnen, dass wir Himmlisches anvertraut bekommen. Kahlil Gibran sagt das so: »Eure Kinder sind nicht eure Kinder. Es sind die Söhne und Töchter von des Lebens Verlangen nach sich selber. Sie kommen durch euch, doch nicht von euch ...« Aus der Gottes-Herkunft bringt das Neugeborene ja auch sein großes Vertrauen mit: »Ich besitze das Recht, hier geachtet zu werden, wie ich bin. Und ich habe ein Recht, von vielen Menschen willkommen geheißen zu werden.«

Was ist die Taufe anders als das deutliche »Willkommen, du! Gut, dass du da bist!« Die Taufe ist eine stilisierte Wiederholung des Geburtsvorganges: Aus den Wassern gezogen ins Leben, höre Kind: Fürchte dich nicht, auch hier bist du nicht in der Fremde, auch hier bist du in Gott, bei seinen Engeln, bei Eltern, für dich erwählt, und sie werden dich begleiten, werden dich schützen und fördern.

Die Taufe ist so was wie Gottes Unterschrift: »Ich habe dich aus dem Nichtsein erlöst, ich habe dich bei deinem Namen gerufen. Du bist mein« (Jes 43, 1). Richtig, dass Eltern ihre Kinder zur Taufe bringen, auch um ihre Rolle zu justieren: nicht Inhaber oder Macher oder Schöpfer, sondern Engel, von Gott eingesetzt, seinen Kindern die irdischen Eltern zu sein.

Richtig auch, dass die Frauen von damals die Kinder zu Jesus brachten. Sie wollten Gebet um Segen von ihm über diese Kinder. Aber brauchte nicht Jesus auch das »Gebet« der Kinder? Vielleicht stärkte sich Jesus mit ihnen, fand in ihnen sein Vertrauen wieder, ihr Geborgensein von guten Mächten, ihre Unbefangenheit aus Vertrautheit, ihr Unbeschämtsein stärkte ihn hoffentlich auch.

Seinen Bescheid: »Wenn ihr nicht werdet wie die Kinder« möchte ich auch als Lektion der Kinder an Jesus lesen; wenn ihr nicht im tiefsten Angewiesene und Erhobene seid, könnt ihr das Leben nicht packen. Ich denke mir, dass Jesus selbst als Kind schreiend vor einem

Hund weggelaufen ist hin zur Mutter und dann von ihren Armen aus den Hund verlachte, ihm eine lange Nase zeigte. Dies »Erhobensein« mag als inneres Bild lebenslang bei ihm geblieben sein und ihm geholfen haben, den Machthabern Kontra zu geben. »Sehet die Kinder« heißt doch: Lernt von ihnen das Geborgensein von guten Mächten, seht ihre Unbefangenheit aus Vertrauen, nehmt ihr »Unverschämtsein« als Beispiel: »Bittet, suchet, klopfet an« (Mt 7, 7)!

Sie leben ihr von Gott, vom Leben Geliebtsein, sie müssen sich nicht erst zurechtmachen, um Gott recht zu sein. Und genau das will ich auch glauben dürfen und schau es ihnen ab. Sie sind noch näher an unser aller Ursprung. Das sagt Jesus ja auch: Zum Reich Gottes gehören, das passiert so, wie die Kinder zum Leben gehören: So wie man zum Haus der Eltern gehört, so gehören wir zu Gott; er ist der Hintergrund, auf dem unser Schicksal läuft.

Frieden mit Gott können wir uns nur geschehen lassen, nur in Gebrauch nehmen. Das sollen wir von den Kindern abgucken.

Wir Erwachsene sind aufgerufen, Mitarbeiter am Glück der Kinder zu sein. Sie sollen höchste Priorität genießen, Eltern sollten, wenn die Paar-Liebe verloren gehen sollte, ihretwegen sozial zusammenbleiben, wie das geht, weiß ich nicht, es fordert viel Verzicht. Aber Kinder sind aller Mühe wert. Wir sind für sie ausgesucht. Nicht sie müssen sich unsern Vorstellungen von einem wünschenswerten Kind nähern. Sie sind eigene Persönlichkeiten mit eigenem Auftrag. Wir können ihre Persönlichkeiten nur hüten und hegen, dass ihr Schicksal aufgehe zu seiner Zeit.

Und da ist es einfach Realität, dass die Sünden der Eltern sich wie Viren fortpflanzen, aber Gott sei großer Dank, eben die Guttat der Eltern auch, und die noch stärker. Da braucht es gar nicht spezielle Strafaktionen – es ist Segen des Schöpfers, dass im Verhältnis von vier zu tausend (heimsuchen bis in die vierte Generation, gut tun Tausenden) vielfältig mehr Gnade, Wohltat, Freude durch die Generationen Gestalt gewinnt.

Wir dürfen schon um unserer Kinder willen Gott nicht verschweigen und erst recht nicht ihn hassen, wir dürfen es einfach nicht, weil wir den Kindern damit ihre ganze Existenz verdunkeln können. Während wir, Gott hassend, irgendwie uns diesen Hass letztlich nicht glauben (außer wir hätten es auch schon von zu Hause) und Gott auch für zu klug halten, als dass er unsern Hass für unser letztes Wort halten könnte – aber die Kinder, sie sind auf uns so angewiesen und ihre Seelen sind noch so weich wie Wachs, wenn wir da mit unseren glühenden Wut-Eisen reinfahren, können wir sie beschädigen fürs Leben – sodass sie Gott und sich mit ihrem ganzen Sein ablehnen. Hilfreich wäre, dass wir in Gegenwart der Kinder so wenig wie irgend möglich spotten oder lügen. Und so wenig wie möglich überlisten, verschleiern, ängstigen, Liebe entziehen, isolieren, sie nicht zappeln lassen, ihnen nicht misstrauen, sie nicht demütigen. Und keine Gewalt. Nie. Ach bitte, Gott hilf.

Kinder kopieren uns – siehe Tischmanieren –, später interpretieren sie uns, übersetzen uns in ihre Sprache, in die Sprache ihrer Freunde, setzen sich von uns ab, um eigene Menschen zu werden. Dann brauchen sie uns als Reibeisen und als Helfer, sich in wachsender Freiheit zu bewähren, und noch länger brauchen sie uns als selbstlose Sponsoren. Was wir verehren oder entblättern, was in unserer Familie wichtig genommen oder verachtet wird, geht weiter. Ungeheuerlich ist die Berufung, ein Kind Gottes erziehen zu dürfen; fürchterlich, wenn wir uns an Kindern vergreifen; glückhaft, wenn sie bei uns wachsen dürfen. Und wir mit ihnen.

Eltern und Kinder

»Ehre die Eltern, auf dass es dir gut gehe und du lange lebest in dem Land, von dem Land, das Gott dir gegeben hat« (2 Mose 20, 12). »Höre auf deine Eltern und schütze sie, verachte sie nicht, wenn sie alt sind. Lass sie sich freuen, mach die fröhlich, die dich geboren hat« (Spr 23, 22.25).

Muttertag – natürlich hat man seinen Kindern gesagt, dass da nichts draus gemacht wird. Und doch freut man sich, wenn die Kleinen aus dem Kindergarten ein Gemälde mitbringen, neuerdings ausdrücklich für Mama und Papa, wenn vorhanden, oder wer sonst sehr lieb zu euch ist; und wenn die Größergewordenen mal anrufen oder Blumen schicken oder vorbeikommen mit Kuchen, wäre das auch ganz nett.

Und man ist ja selbst Kind einer Mutter. Wenn sie noch da ist, soll man sie drücken, ihr danken? Wenn sich das Verhältnis umgedreht hat, die Kinder den Altgewordenen jetzt Vater oder Mutter sein müssen? Hoffentlich sendet dann der Bruder der fürsorgenden Schwester einen schönen Strauß oder auch umgekehrt: Der Fürsorgende, näher dran Wohnende wird von den andern bedankt.

Wenn die Eltern schon im Himmel sind, dann schickt man jedenfalls gute Gedanken; geht mal zum Friedhof, sorgt für das Grab oder lässt es besorgen – vielleicht kommen die Enkel häufiger als die Kinder ... Jedenfalls, je älter wir werden, desto heller strahlt das Licht der Erinnerung an die Eltern.

Das Schmerzlichste überhaupt ist, verwaiste Mutter, verwaiste Eltern zu sein. Wer ein Kind zurückgeben musste, weiß: Muttersein/ Vatersein ist das Intensivst-Lebendige ihres Daseins gewesen. Auch ein Kind nicht ausgetragen zu haben bleibt bei einem. Drängend fehlt das Verlorene; das sehnend Gewünschte leuchtet dann am stärksten.

Muttersein, auch Vatersein prägt stark. Nach und mit dem Frausein/Mannsein greift Elternschaft am meisten in uns. Wir werden umgegraben und befruchtet, bringen Frucht und werden abgeerntet im Muttersein/Vatersein.

So ist auch der Verzicht auf Kinder einschneidend. Die Familienministerin meint ja, kinderlose Paare würden sich der Zukunft verweigern, höhere Zahlungen an die Rentenkasse sollten sie leisten. Vielleicht ist es ja ganz anders. Sie bescheiden sich, nehmen sich zurück, wollen gern mütterliche, väterliche Menschen sein, sorgen für Kinder auf andere Weise, aber wollen, können nicht Eltern sein: Halten sich nicht für die Retter der Menschheit; meinen, keine Heilande zu gebären.

Muss nicht jedes Kind, spätestens, wenn es sich ankündet, zum Wunschkind werden? Ist nicht jedes Kind vom Himmel abgepflückt?

Muttersein, Elternsein ist die innigste Mitbeteiligung an der Schöpfung, und sicher ist die Frau als Gebärende die Vorarbeiterin der Schöpfung und reich an Macht, ihr Kind zu nähren; Vatersein heißt Schützen. Elternschaft ist wunderbar und hochgefährdet. Kind sein, Kind gewesen sein, wie war das für dich?

Der französische Literaturprofessor Jacques Lusseyran sagte über seine Kinderzeit: »Meine Eltern – das war Schutz, Vertrauen. Noch heute, im Alter, spüre ich das Kinderzeit-Gefühl der Wärme über mir, hinter mir und um mich; dieses wunderbare Gefühl, noch nicht auf eigene Rechnung zu leben, sondern mich ganz auf andere zu stützen. Meine Eltern trugen mich auf Händen, und das ist sicher der Grund, warum ich in meiner Kindheit wohl niemals den Boden berührte. Ich lief zwischen Gefahren und Schrecknissen durch, wie Licht durch einen Spiegel dringt. Das ist es, was ich als Glück meiner Kindheit bezeichne, diese magische Rüstung, die, ist sie einem erst einmal umgelegt, Schutz gewährt für das ganze Leben« (aus: »Das wiedergefundene Licht«).

Anderen ging es anders. Viele leiden bis heute an der blutenden Zeit ihrer Kinderangst, an Misshandlungen, auch an den giftigen Streitgesprächen der lieblos gewordenen Eltern; die Drohungen von Scheidung gellen noch. Und es zerreißt das Kind in dem Wunsch, beide zusammenhalten zu können, und dass endlich Ruhe einkehre, wie auch immer.

Kindheit, Vater, Mutter, Großeltern – was ließ uns wachsen, was ist uns eingewachsen an Stärkung oder Schwächung? Eine beschützte Kindheit hilft, Anforderungen und Gefahren zu dosieren gemäß Einsicht und Aufnahmevermögen. Sie lehrt Vertrauen, auch mittels der Mühe, dass Versprechen und Absprachen eingehalten werden.

Gut, wenn uns gezeigt ist, dass man mit Fairness durchs Leben kommt und allem Lebendigen Ehrfurcht zusteht und die Umwelt Freundesland ist. Gelingende Erziehung teilt Beurteilungen mit,

Meinungen, Wertungen; gibt zu denken, bettet ein in gewisse Urteilssicherheit der Eltern. Sie hilft, dass man Ethik vorfindet, nicht: »Mach, was du willst«; nicht: »Beurteile nach Lustgewinn« – also Fernseher als Nuckel; nur als Beispiel.

Mit Lust mögen Eltern lernen, was dem Kind in seiner Entwicklung gedeihlich ist: zunächst natürlich liebevolle Nähe, Schutz, Nahrung, Verlässlichkeit; die Eltern sind da oder kommen zur rechten Zeit wieder, Regelmäßigkeit ist wichtig, ein Rhythmus von Schlafen, Essen, Nähe, Spielen. Dann lernen in Gemeinschaft, schon früh spüren lassen, dass das Kind auch gebraucht wird und Herrliches zu geben hat.

Kinder haben ein Recht auf Erziehende, die wissen, dass sie Vorbild sind in Stärken und Schwächen. Auch Seufzen ist bei der Feststellung: Was nützt die beste Erziehung, die Kinder machen doch alles nach.

Vater, Mutter sind Rollen, in die wir mittels der Kinder hineinwachsen, Kinder erziehen uns schon sehr. Was zur Hilfe kommt, sind Muster aus dem Menschheitsgedächtnis, die unser kleines eigenes, schwieriges Elternsein tragen. Wir sind nur die Spitze des Eisbergs »Vater/Mutter«; »Vater« ist ein Urbild von Beschützen und Sagen, was richtig ist. Selbst Gottvater strahlt was ab auf den kleinen Erdenpapa. Auch in unserer Mutter leuchtet das mütterliche Element, das Nährende, das Erzählende, die die Fäden des Lebens Webende, göttinnengleich. Die Brust der Mutter ist die Leinwand der Welt; später geht uns die Einheit verloren, bis wir als Himmel sie wiederfinden.

Vielleicht haben Töchter für die Gloriole des Vaters mehr Sinn, und Söhne spüren die Schutzmantelrolle der Mutter mehr. Väter und Söhne sind oft sehr ungeschickt miteinander, sehr zum Leid der Mütter, die sie ja beide lieben; ja, einen im andern.

Eltern sind groß, weil ihre Aufgabe groß ist, ja heilig. Sie sind vom Himmel her erwählt, sind dem Kind Schicksal. Hoffentlich wissen sie ihre Berufung. Früher waren die Rollen von Vater und Mutter eisern, heute dürfen und müssen wir die Lebensformen sehr weit selbst gestalten. Wer Mutterschaftsurlaub nimmt, wer das Zuhause bestellt, ob Hausmann oder Hausfrau oder geteilt oder in Etappen, das müssen und dürfen heute die Eltern selbst entscheiden; sicher bei immer noch ungerechten ökonomischen Verhältnissen. Und ein Jammer bleibt die mit Kindern sitzengelassene Frau. Für das stille Heldentum dieser Frauen gibt es auf Männerseite wohl wenig Parallelen.

Heute kommt die ideelle Vater-/Mutterschaft mehr zum Tragen. Auch Männer können umsorgen, pflegen, schmücken, singen, kochen, streicheln. Auch Frauen können verhandeln, ordnen, viel Geld verdienen, klare Kante ziehen, Wächter über die Lebenschancen ihrer Kinder sein. Wichtig ist, wieder neu zu sehen, wie dramatisch die Zeit der Kindheit ist, wie der Anstieg von Jugendkriminalität in einem Jahr um 12 Prozent Alarm ist. Wie die Jungen, die ohne Ausbildung und Arbeit bleiben, sich zurückziehen müssen in ihre Familien und da auf den Geist gehen oder sich hinter Computerspielchen oder Alkohol unsichtbar machen oder sich gewaltbereiten Cliquen anschließen, die ein Stück Bedeutsamkeit ihren Mitgliedern beschafft, allein schon damit, dass sie gefürchtet werden. Wir Erwachsene müssen uns anbieten als Helfende, als Paten, als Babysitter, müssen beistehen denen, die heute Eltern sind. Welch Treue derer, die im Sport die Jugendlichen zu Teamgeist anleiten, in der Jugendfeuerwehr oder bei den Pfadfindern! Und in der Schule, wie ehren wir Pädagogen? Auch unter denen, die den Schulbus fahren? Wer hat Kraft zum Bewährungshelfer?

Dank an die Mütter, an die Eltern ist auch ein Dank an Gott, denn es war doch Gnade, dass so viel Freude und Wachsen trotz allem gelang; Muttertag oder Mutters, der Eltern Geburtstage, nimm sie wahr, nimm sie als Erntedankfest für die Früchte der Erziehung. Meist durften wir anfangen mit einem Goldenen Zeitalter. Elan ist uns mitgegeben, dass auch mit uns, durch uns »etwas in der Welt entsteht, das allen in die Kindheit scheint und worin noch keiner war: Heimat« (Ernst Bloch).

Du sollst nicht töten
Das fünfte Gebot

Die Würde des Menschen ist unantastbar

Martin Luther: »Wir leben unter vielen Menschen, die uns Leid antun, so daß wir Ursach kriegen, ihnen feind zu sein. Dir geht es gut, er neidet, du wütest. Da geht es hin und her bis zum Morden. Das Gebot soll beschirmen, sichern, jedermann vor Gewalt.

Daß man niemand ein Leid tue, auch um eines bösen Stücks willen nicht, ob er es auch hoch verdiene. Das Gebot vor Augen und uns darin spiegeln, so wirst du Gott das Unrecht befehlen, den Zorn stillen lernen.

Und: Wenn einer erfriert und du hättest ihn kleiden können, so hast du ihn erfrieren lassen. Siehst du jemand Hunger leiden und speist ihn nicht, so läßt du ihn Hungers sterben. Siehst du einen in Not und rettest ihn nicht, obwohl du Mittel und Wege wüsstest, so hast du ihn getötet. Du hast ihm die Liebe entzogen, dadurch er am Leben geblieben wäre. Es ist, als sähe ich einen in ein Feuer gefallen und könnte ihm die Hand reichen und ihn rausziehen und tue es nicht, dann bin ich sein Mörder.

Wir sollen Gott glauben, daß wir unserm Nächsten kein Schaden noch Leid tun sondern ihm helfen in allen Leibesnöten« (aus dem Großen und Kleinen Katechismus).

Du sollst nicht töten. So rigoros, ganz ohne Einschränkung steht das auf den Gesetzestafeln der Menschheit, als sollte es auch das Töten von Tieren verneinen. In Indien heißt das Gebot: Nichts Lebendigem sollst du den Atem nehmen. Aber wir werden Ehrfurcht für Tiere wohl erst mit der Achtung für den Menschen lernen.

Als Gesetz ist das »Du sollst nicht töten« einleuchtend. Schon aus Eigeninteresse muss ich hochhalten die Verpflichtung, einander nicht ans Leben zu gehen. Aber woher die tiefere Begründung?

Wenn Menschen sich bedroht sehen oder sich für die Stärksten halten, wenn sie über die durchschlagendsten Waffen verfügen und nicht eingebunden sind in einen Kranz von Verträgen mit kristallklaren Straf-Androhungen, dann sind sie leicht vergesslich. Viel Krieg führen Menschen gegeneinander aus Hunger, aus Arroganz, aus Angst, sie müssten dem andern zuvorkommen. Und Mord um Mord geschieht, wenn Leben wenig gilt, das eigene wie das des Nächsten, oder aus Verzweiflung, im Wahn, in Verblendung. Dünn ist die Stimme der Vernunft: Weil ich nicht getötet werden will, töte ich auch nicht. Die Stimme erreicht den nicht mehr, der sich schon tot fühlt, zombiehaft, seelenlos, maschinengleich gedrillt und abgerichtet ist oder vom Hunger belehrt ist, dass die Satten ihn schon nicht mehr auf der Rechnung haben, dann kann sich der letzte Lebenswille aufmachen und Brot holen, egal, wer sich entgegenstellt.

Die Überzeugung vom unverbrüchlichen Schutz des Lebens muss aus tieferen Quellen sich speisen. Warum ist dir völlig klar: Du tötest nicht; und hoffst ganz fest, niemals einen Unfall zu verschulden, und bittest ganz innig, auch in Notwehr keinen zu töten; wirst also auch keine Bewaffnung für den Notfall dir besorgen. Warum willst du Leben erhalten? Ja, es gehört Gott. Du würdest ihm etwas wegnehmen.

Aber warum sind wir so köstlich, warum ist Menschenleben wunderwert? Ein Schüler fragte den Rabbi: Es ist uns geboten: Liebe deinen Nächsten dir gleich. Wie kann ich das erfüllen, wenn mein Nächster mir Böses tut? Der Rabbi antwortete: Du musst recht verstehen: Liebe deinen Nächsten als etwas, das du selber bist. Denn alle Seelen sind eine. Jede ist ein Funke von der Urseele. Sie ist ganz in all den Funken, wie deine Seele in allen Gliedern deines Leibes ist. – Es kann schon mal sein, dass sich deine Hand vertut und schlägt dich selber. Wirst du da einen Stock nehmen und deine Hand züchtigen, weil sie keine Einsicht hatte, und wirst du so deinen Schmerz vermehren? Nein, also, wenn dein Nächster, der eine Seele mit dir ist, aus mangelnder Einsicht dir Böses tut, vergib ihm.

Vergiltst du ihm, tust du dir ja selber weh. – Der Schüler fragte weiter: Und wenn ich einen sehe, der vor Gott böse ist, wie kann ich ihn dann lieben? – Weißt du nicht, sagte der Rabbi, dass die Urseele Gottes Seele ist und dass jede Menschenseele ein Teil Gottes ist? Und wirst du dich nicht seiner erbarmen, wenn du siehst, wie einer von Gottes heiligen Funken sich verfangen hat und am Erlöschen ist? (nach Luise Rinser, »Lesebuch«)

Das ist das Grundwasser aller Brunnen, aus denen sich die Menschenwürde speist. Der Mensch ist darum wunderbar, weil jeder eine Scherbe von dem Ebenbild Gottes ist, selbst wenn die Seelen der fürchterlichen Menschen ganz in Dunkel gehüllt scheinen. Darum ist dem Kain Gottes Mal auf die Stirn gegeben, dass keiner sich an ihm vergreife (1 Mose 4, 15). Das zielt gegen unsere Neigung, das Böse in einzelnen Menschen zu orten, es da, weit weg von mir, einzukreisen, diese Menschen dann zu richten und zu strafen, sie wegzuschließen, und man hält sich selbst für einen guten Menschen, weil man ja gegen das Böse gekämpft hat.

Dass wir endlich von der Todesstrafe abgekommen sind, ist ein Hauch dieses Wissens vom Zusammenhang aller Seelen. Keiner darf einen aus dem Leben drängen, auch nicht zur Strafe. Denn unsere Ichs bilden ein Heiliges. »Von Natur weder gut noch schlecht, haben wir die Fähigkeit zu Gut- und Schlechtsein; ja, zum einen mit dem anderen« (Hans Jonas). Gott erbaut mit uns sein Reich, seine Zukunft. Weil wir an Gottes Werk beteiligt sind und seine einzigen Zeugen sind, darum sind wir heilig. Darum sollten wir nicht niedermachend vom Menschen reden.

Es gibt viel zynische, verächtliche Beschimpfung der Menschen: Missgriff der Schöpfung, Störenfried der Natur, »nur ein vorübergehender Schimmelbefall der Erdkruste« (Jacques Monod) seien wir, nur »ein Mistelzweig am Lebensbaum« (Botho Strauß). Es kann und soll uns auch bange werden vor unserm Zerstörungstrieb und unserer fürchterlichen Gleichgültigkeit.

An einem Unfall, die Polizei ist da, vorbeifahren, weiterfahren, in den Urlaub, zum Dienst, alles geht weiter, wir machen weiter unser

Ding: Man müsste aussteigen und auf die Knie fallen, noch leben zu dürfen und eine Sammlung in die Wege leiten für die Opfer und den Führerschein abgeben oder oder.

Und von alledem tue ich nichts, ich setze meine Fahrt fort, wohl mit einem »Gott sei Dank«, auch zunächst mit gedrosseltem Tempo – aber die Flamme »Ich« sorgt für sich, will weiterbrennen, will weiter. Auch das ist ein Stück Scherbe vom Ganzen, ausgerüstet mit Lebenswillen und der Begabung, abzublenden die Forderungen; Augen zu und durch – diese Strategie ist auch ein Stück Leben, das ist, was es ist.

Das Dichten und Trachten des Menschen ist böse von Jugend auf, denken wir manchmal dem Bibelwort 1 Mose 8, 21 nach, wenn wir deprimiert sind über uns selbst und das Heulen kriegen über Menschenleid und -schuld. Kleinlich-egoistisch, »fürs Naheliegende scharfsichtig, fürs Ganze so blind« (Robert Musil) – ist das mit »böse von Jugend auf« gemeint? Denn Gott hat nichts rein Böses gemacht, das weiß ich und halte mich an eins der Traumworte der Bibel:« Du erbarmst dich über alle; denn du kannst alles, du übersiehst die Sünden der Menschen, dass sie sich bessern sollen. Denn du liebst alles, was ist, und verabscheust nichts von dem, was du gemacht hast; denn du hast ja nichts bereitet, gegen das du Hass gehabt hättest ... Du schonst aber alles; denn es gehört dir, du Freund des Lebens« (Weish 11, 23 ff.).

Gut, vom klaren Grundwasser des Glaubens zu trinken; ich schmecke es in dem Psalmwort: »Was ist der Mensch, dass du seiner gedenkest, Gott, was ist des Menschen Kind, dass du dich seiner annimmst?« Zerbrechlich ist er, von Staub genommen. »Doch du hast ihn wenig niedriger gemacht denn Gott (als dich selber). Mit Ehre und Herrlichkeit hast du ihn gekrönt« (Psalm 8, 5.6). – In unserm Lieben und Mühen nimmt Gott Gestalt an. Das weißt auch du von innen; weißt es, wenn du einem Kind ins Antlitz blickst oder in ein Gesicht voll Falten, voller Lebenserfahrung. Dann siehst du den Menschen als gekrönt: »Da, im Menschen hat der Staub Feuer gefangen.« Darum schneidest du kein Leben ab.

Und du beleidigst auch weniger, gemäß Jesu Wort: »Wer mit seinem Bruder zürnt, der ist schuldig; und wer zu seinem Bruder sagt: Du Nichtsnutz!, der ist sehr schuldig; und wer sagt: Du mieser Typ, der ist der Hölle schuldig. Versöhne dich mit deinem Geschwister; vertrage dich mit deinem Gegner« (Mt 5, 22–25).

Und warum noch ist Menschenleben dir heilig? Weil du doch siehst dein und vieler Menschen Mühen; siehst, wie Menschen, wie wir kämpfen und uns schinden. Und wie sie nicht aufgeben, etwas aus sich zu machen. Und wie Menschen sich dem Tod entgegenstellen und nicht verfallen und verelenden wollen. Und wie sie hoffen und Freundschaften schließen und Blicke tauschen und Streicheln und Worte und Werte. Herrlich, die Menschen und ihre Künste, Wege sich zu bahnen in der Gefahr. Alle große Kunst zeugt von diesem Trieb, nicht weggewischt zu werden, sondern Spuren im Lebendigen zu hinterlassen. Du hältst viel von Menschen, darum förderst du, unterstützt, räumst ihnen mehr Möglichkeiten ein. Du tötest nicht. Das ist dir verheißen. Was du zum Leben brauchst, wirst du unter Mühen, aber ohne Gewalt dem Leben abgewinnen. Das verlangt auch die Mitarbeit am Rechtsstaat, der jedem sein Recht auf Leben sichert. Wenn Menschen meinen, ihr Existenzrecht sich erst besorgen zu müssen, wenn sie sich drangsaliert sehen, kann ich ihr Steinewerfen nicht verdammen. Es steht mir nicht zu, die Handgranate der Flugzeugentführer zu verurteilen; ich komme ohne dies Druckmittel aus, und zwar ohne eigenes Verdienst (nach Max Frisch). Wenn die Hungernden dieser Erde uns mit Gewalt das Brot abfordern, das wir ihnen freiwillig nicht gaben, werden wir über die vorgehaltene Pistole nicht lamentieren dürfen. Dir, mir ist das fünfte Gebot ein Schutz geblieben. Du, ich, wir sahen uns noch nie in der Lage, zu meinen, wir müssten töten, wir gnädig Davongekommenen bis jetzt. (Oder haben wir den Krieg mitgemacht und überlebt, weil wir schneller schossen oder geschickter uns tot stellen konnten?)

Wir sind auch wohl nicht bis auf den Grund gequält von einem der beiden stärksten Antriebe für Mord (Eugen Drewermann): Voll

Angst steht einer einem gegenüber, der ihm chronisch den Weg zu seinem eigenen Leben versperrt, und es hat sich soviel Hass und Wut aufgestaut, dass es sich mörderisch entlädt. Oder dass einer von unterdrückten Sexualenergien getrieben ist, zugleich innerlich so verletzt ist und so verächtlich von sich denkt, dass er meint, nur ein Mensch könne ihn noch lieben, der verwandelt ist in etwas Totes, eine Sache, derer man sich bemächtigen kann als ein Objekt.

Wer umbringt, ist vorher klein gemacht, geschändet und verachtet worden, hielt sich selbst für nichts wert, sodass er anderes Leben entwertet.

»Wo Totschlag verboten ist, da ist auch alle Ursach verboten, daraus Totschlag entspringen mag«, sagt Luther. Und da haben wir viel mit zu schaffen.

Töten zerreißt Zusammenhang

Jesus spricht: »Liebet eure Feinde, bittet für die, die euch verfolgen. Und wenn dich jemand auf deine rechte Wange haut, dann halte ihm auch die andere hin. Ihr sollt erkannt werden als Kinder Gottes. Der lässt seine Sonne aufgehen über Böse und Gute und lässt regnen für Gerechte und Ungerechte. Wenn ihr nur liebt, die euch lieben, tut ihr doch nichts Besonderes. Ihr sollt vollkommen sein, ganz sein, wie euer Vater im Himmel ganz ist« (Mt 5, 39.44–48).

Ganz sein, das wünscht uns Jesus, nicht vollkommen im Sinne von fehlerlos, sondern ungeteilt in mir mit Gott, zugehörig allem, ganz in der Liebe, auch die Feinde in sie einbezogen wissend.

Wenn wir aber töten, dann zerreißen wir Zusammenhang. Wir schaffen uns vom Hals, aus den Augen, was uns bedroht, wir wollen die Welt lieber ohne den andern. Jeder hat schon einen tot gewünscht aus Rache, aus Habgier, aus Neid, aus banalem Ärger, einfach so; nicht er soll seins haben, sondern ich will seins.

In uns ist neben viel Licht auch viel Schatten. Sehen wir uns zurückgesetzt, dann sind wir gekränkt, sehen wir uns von Gott, vom

Schicksal, von Mitmenschen ungerecht behandelt, dann kann sich unsere Restmacht aufbäumen, ich kann verschlagen werden, giftig, um mich zu retten. »Dann«, so Marie Luise Kaschnitz, »war ich es selbst nicht mehr, die sprach, es war der böse, mürrische Geist der Rechthaberei, der über mich gekommen war und mich so ausfüllte, dass für nichts Gutes mehr Raum blieb.« Die Macht des Negativen kann in uns mächtig werden als kleinliche tückische Beinstellerei um ihrer selbst willen. »Manche, die sich einmal liebten und jetzt hassen, tun das auf ganz ungeheure Art« (Erich Kästner).

Hass ins Riesige vergrößert haben wir Deutschen. Wir oder die Generation davor versanken in den Wahn, dass uns die ganze Erde zustände. Man muss nur die alten Wochenschauen sich ansehen, wie sie Hitler zujubelten, sich ihm darboten, unsere Väter und Mütter. Wir/Sie waren gebannt von dem bösen Geist der Gewalt und Rohheit. So überzogen Deutsche fast alle europäischen Länder mit Krieg, schlugen, vertrieben, erschossen, erhängten, hetzten ins Gas, vernichteten durch Zwangsarbeit, quälten mit so genannten medizinischen Experimenten. Sechzig Millionen Menschen kamen im Zweiten Weltkrieg zu Tode. Die Rache der Sieger war furchtbar, aber wohl nötig, wenn man bedenkt, dass nach dem 20. Juli 1944, dem Attentat auf Hitler, mehr Deutsche umkamen als in den vier, fünf Jahren Krieg vorher.

Wir müssen uns erinnern, dürfen nicht verdrängen das Wissen von Greuel und Verwüstung, das Leid, das durch unser Volk über die Menschheit gebracht wurde und an dem wir selber ausgeblutet waren. – Wir trauern um die Schuld, trauern, uns am Gebot »Du sollst nicht töten« so vergangen zu haben, dass einer dichten musste: »Der Tod ist ein Meister aus Deutschland« (Paul Celan). Und die wir Tod säten, ernteten Tod, Vertreibung, Verwüstung und Diktatur über weite Teile Europas.

Jedes Lebendige trägt die unauslöschliche Widmung: Gehört Gott, gehört Gott. Darum sind auch die, die an uns starben und die uns starben, nicht auf den Totenäckern geendet, sind nicht zu Asche endgültig verglüht. Sie sind »vorweggenommen in ein Haus von

Licht« (Marie Luise Kaschnitz). Sie sind ergänzt, genesen, versöhnt, bekehrt, sie sind schön und ganz gemacht. Sie sind in Gott. Wie sie auch zu Lebzeiten gewesen sein mögen, eine Milde, eine Sanftmut geht doch von uns zu ihnen, und von ihnen zu uns – doch um alles in der Welt, hoffentlich.

Die Bestimmung »Du gültig für Gott, immer« schafft Hoffnung. Ohne Zukunft für die Toten, wie sollten wir gedenken können, auch an das Entsetzliche unseres Volkes und unserer selbst? Unser Herz müsste doch stehen bleiben vor dem Grauen! Letztlich darum, weil Gott die Opfer zu den Tätern kehrt und sie versöhnt, sie verschwistert, können wir uns als Einzelne, als Volk, getrauen, uns der Schuld zu stellen und um Vergebung bitten und sie erwarten und als erhoffte schon wirksam sein lassen: Dank sei für alle Erkenntnis, alle Bitte um Vergebung, alles Mühen um Wiedergutmachung, Dank für alle Großzügigkeit und Neuen-Anfang-Wagen.

Leben lebt vom Leben anderer. Wir alle ernähren uns vom Leben, das groß genug ist für alle. Krieg aus Hunger und Durst ist auch unser Versagen. »Du sollst nicht töten« ist allen gesagt, aber den Mächtigen erst recht, die für Lebensmittel sorgen können.

In uns ist die Lust, zu verwöhnen, was wir lieben, und am Rande zu lassen und an den Rand zu schieben, was wir nicht mögen. Je mehr Machtmittel wir haben, desto mehr Kommandogewalt auch, und umso mehr kann unser Verachten und Hassen beschädigen. Weniger hassen – wie kommen wir dahin?

»Selig die Sanftmütigen, sie sollen die Erde besitzen«, sagt Jesus (Mt 5,5). Die uns fremd sind, sind es, weil wir ihnen feindlich sind. Das ist doch Christenwissen, dass wir die erdumspannende Menschheitsfamilie glauben. Was zählt, ist der Mensch und seine Sehnsucht, sein Mangel, sein Bedürfen, nicht ob er zur Sippe gehört, zum Freundeskreis, und unabhängig von Geschlecht, Religion, Volk. Wenn ihr die liebt, die euch lieben, das ist noch nicht ganzheitlich gelebt.

Den andern erst mal für interessant und unbösartig halten, bei ihm auch im Streit mit Einlenkbereitschaft rechnen. Und phantasieren, imaginieren, wie schön sein Gesicht wird, wenn man gemeinsam was zu lachen hat. Einen Menschen dankbar stimmen, das gibt ihm Hoffnung zu taugen, gibt ihm Geschmack, gern wieder er selbst zu sein. Dank fühlen macht unmittelbar Gottes Gutsein anfassbar. Glücklich der Mensch, der merkt, wie sein Leben voller Danksignale ist und wie er versöhnlich gestimmt wird, vom Himmel her.

Ich erinnere mich an einen alten Film: »Wenn die Kraniche ziehen«. Er zeigt das Schicksal der großen Liebe einer Russin zu ihrem Bräutigam. Er zog in den Krieg, beide hatten lange nichts voneinander gehört. Dann sollte der Zug ankommen mit den Gefangenen aus Deutschland. Er sollte darin sein. Und sie kam mit einem großen Blumenstrauß zum Bahnhof und alle Erwartung und alle Hoffnung spielten auf ihrem Gesicht. Und immer mehr Heimkehrer entstiegen dem Zug, sie wurden empfangen von Bräuten und Müttern und Schwestern, die überglücklich abzogen. Und immer weniger waren noch im Zug und kamen heraus, und sie fragte und stürzte von einem zum andern: Wo ist meiner? Sie sagte den Namen. Sie waren alle mit sich so beschäftigt. Und dann stand sie allein auf dem Bahnhof, allein mit einigen anderen, die auch vergeblich gewartet hatten. Und sie richtete sich auf und verteilte ihre Blumen an die, die auch allein blieben. Sie verknüpfte die Alleingelassenen mit dem Hoffnungsband, dass keiner der Liebe verloren gehe.

Du sollst nicht töten. Dies Gebot schließt den Krieg ein. Krieg soll nicht sein, er ist ja das tausendfache, millionenfache Töten. Aber die Ressourcen sind begrenzt, Wasser, Öl, Bildung – wenn die Besitzer Menschen, Völker verdursten, verhungern lassen, wenn immenser Reichtum an Fawelas und Kanisterstädte stößt, wenn ein im Westen geklautes Auto im Osten eine ganze Familie ein ganzes Jahr ernährt, während sonst der Mann nur das Jammern der Kinder, das Klagen der Frau, das Wimmern der Alten hört; wenn Jugendliche keinen Ausbildungsplatz finden, dann: wehe uns Besitzenden.

Wenn wir den Habenichtsen vorwerfen, sie drohten mit Gewalt, dann ist das zynisch – denn wir benutzen doch Gewalt, um die Hungernden uns fern zu halten. Den Krieg verhindern heißt Frieden schaffen, indem Habende abgeben. Gegen berechtigte Forderungen sich hochgerüstet taub stellen, das ist Krieg.

»Du sollst nicht töten« ist auch Versprechen: Du wirst nicht töten. Du, ich, im Angesicht von viel Jähzorn und gewaltbereiter Sucht haben wir doch noch viel zuzusetzen, können Dankprämien fürs Durchgetragenwordensein geben. Auch »Brot für die Welt« ist eine Frage der Ehre. Ich muss was vom Überfluss abgeben. Einigen das Leben retten – das ist doch Gnade, es zu dürfen. Ganz abgesehen von der politischen Diskussion, auf wessen Kosten wir in den ökonomisch so effizienten Ländern leben, wir mit unsern hohen Zöllen und dem Energieverbrauch. »Es muss nicht schmerzen, aber ich soll's merken« – soviel jedenfalls abgeben aus Erbarmen, das muss sein, sonst ist doch alles Christentum gelogen. Wenn ich denke, ich müsse noch vorsorgen, könne noch nicht abgeben, dann muss ich noch Lohnknecht des Lebens sein – und jeder Bettler, der lachend mit einer Stange Brot und Rotwein mit Kumpeln das Leben feiert, hat mehr begriffen als der reiche arme Schlucker.

»Freude nehme bei uns ihren Anfang, Hass komme bei uns zu Ende«: Wenn uns das mehr gelänge, dies Sichhinhalten, dies Unmut vom andern abziehen – Pfeile von Verachtung ablenken, in die Bresche springen, Schuld auf sich nehmen. Gewalttätige ansprechen, und sie lassen sofort von ihrem Opfer ab, halten sich an dich, mich, gemessen an den Schlägen, die andere schon einstecken mussten, habe ich noch was abzukriegen. Du auch? Sie ist verheißen, »die wunderbare Gegengabe des Schwachen, dass dieser den Starken zart mache« (Robert Musil). Wir müssen sie aber wollen.

Das Fernsehen ist voll von Massakern, gestellten und realen. Der Heckenschütze, der Schläger mit Nazislogans, der Killer mit irren Liedern oder Gebeten auf den Lippen im Klassenzimmer, sie sind auch Konzentrate von allgemeiner Gewalt oder schauen sich beim Morden zu, als wären sie im Film, sehen sich zum ersten Mal ernst genommen, weil im Fernsehen. Wenn wir keinen guten Gott mehr haben, dem wir gehören, dann kann das Verlangen übermächtig werden, selber Allmacht zu spielen und Gericht zu vollziehen. Das kann eine furchtbare Umkehrung sein des Entsetzens, dass es auf mich überhaupt nicht mehr ankomme. Auch weil man sich wie den letzten Dreck behandelt sieht, hält man sich dann auch für solchen und verwandelt Schönes in Dreck und zerschlägt, was funktioniert.

Das Einzige, was hilft, ist Liebe. Und wie viele Drachen besänftigt wurden, wie viele wandelnde Bomben nicht zur Detonation kamen, weil Dämpfung aus Freundlichkeit gelang – ach, Gott, lass uns noch Zeit, dass wir Sympathie unter die Flügel geben, selbstheilende Kräfte anschieben, sanft machen dadurch, dass bei uns sich der Sturm legt. Und jeder möge einen haben, der ihm zeigt: Gut, dass du da bist; gut, dass du du bist.

Wenn jemand sich selbst tötet

Wir sollen leben. Dieser Befehl ist uns eingebaut: Wir müssen essen, trinken, wieder aufstehen, an ein Werk gehen, uns und andere ernähren, immer wieder, bis uns die Kräfte schwinden und wir alt und lebenssatt geworden sind und Gott uns von hier die Seele fortküsst. Wir haben den Auftrag, den Garten Eden zu bebauen und zu bewahren (1 Mose 2,15), damit auch uns an Leib und Seele gut bestellen und bewahren.

Uns ist aufgetragen, das Leben gern zu haben. Gott scheint eine Leidenschaft zu haben, dass seine Schöpfung Lust hat zu sein, es scheint ja geradezu in uns ein Drang eingespeist zu sein, der uns antreibt, es hier schöner, angenehmer, auch bequemer zu haben. Ja, in uns ist von Gottes eigener Kraft was übergesprungen, dass wir selbst das Leben gern weitergeben und hegen und schützen. Die Lust am Garten etwa ist ja die Freude, wachsen zu sehen; und wie viel größer die Lust an Kindern und Enkeln, sie gedeihen zu sehen, und Urenkel dann auch, und das ist nicht nur eine Frage der Verwandtschaft – es können auch Nachbarskinder sein, Menschen eben, die heranwachsen und mit denen wir Gemeinschaft erzielen. Wir dürfen an ein Zentrum des Lebens glauben, das uns in Liebe trägt. Es kann kaum schöner gesagt werden als in Weisheit 11, 23 f.: »Du Gott erbarmst dich über alle. Du übersiehst die Sünden der Menschen, dass sie sich bessern sollen. Du liebest alles, was ist, und verabscheust nichts von dem, was du gemacht hast; du schonst alles, es gehört dir, du Freund des Lebens.«

Und doch kann es mal genug sein für uns Menschlein, vielleicht will einer nur Ruhe haben auch von Freude, weil er nichts mehr aufnehmen kann, so wie er ist. Dann will er mit letzter Kraft eine starke Verwandlung herbeiführen. Er hat keine Kraft mehr, Wärme aufzunehmen, Wärme abzugeben – dann zieht man sich in sich ein – wird vielleicht wie trocken Holz und dürres Blatt, dem man nachhilft, dass es still vom Baum des Lebens fällt.

Des Lebens überdrüssig werden, das kann auch in jüngeren Jahren geschehen. Das kommt vor allem davon, dass wir eine Sehnsucht mitbekommen haben, die uns hier nicht gestillt wird. Wir träumen von leuchtender Liebe und vollendeter Schönheit, vom eigenen edlen Gutsein und von Fülle. Da halten wir das kärgliche Dasein hier für vergebliche Liebesmüh; sehen auch unsern Beitrag hier für schäbig an. Menschen wollen hier weg, »wenn alle Anstrengungen, diesem Leben zu entkommen, immer wieder in die gleichen, verhassten Lebenslagen zurückführen« (R. Musil). Vielleicht sind sie auch in Schuld geraten, die sie hier nicht mehr tragbar scheinen lässt, oder sie können Unrecht nicht mehr mit ansehen. Wenn uns der Menschheit ganzer Jammer anpackt, und wir sind hier hoffnungslos eingepfercht, wir dann sehnsüchtige Ausschau nach drüben haben – kann es leichter sein, zu gehen, als zu bleiben. Christlicher Glaube hat bei allem Lebensmut fürs Diesseits auch schmerzlich himmelsstürmende Vorstellungen vom glücklichen Jenseits: In »Geh aus mein Herz und suche Freud« heißt die neunte Strophe: »Ach, denk ich bist du hier so schön, und lässt du's uns so lieblich gehen auf dieser armen Erden: Was will doch wohl nach dieser Welt dort in dem reichen Himmelszelt und güldnen Schlosse werden!« – Es kann uns auch vor dem Altwerden von hier wegziehen. Und es kann sein, dass wir uns hier nicht mehr ertragen, aus

Schmerzen des Leibes und der Seele. Dann kann es sein, dass wir meinen, es reiße uns von hier weg, wie Heinrich v. Kleist, der ging, »weil mir auf dieser Erde nicht zu helfen war«.

Der Mensch ist ausgezeichnet, nicht leben zu müssen. Tiere müssen ihr Dasein fristen, Pflanzen wesen und verwesen ohne Willen, nur der Mensch ist geadelt, mit Einverständnis hier zu sein. Und ist nicht jeder sonnige Morgen eine neue Überredung, doch aufzustehen und den Tag mit Lust unter die Füße zu nehmen? Die Welt ist nicht perfekt, aber gut ist sie (1. Mose 1, 31), sehr gut für weiteres; Gott ringt mit uns um das Einverständnis, gern hier zu sein als Du, ich in dieser Zeit, mit deinen dir ans Herz gewachsenen Menschen und die dir noch nahe kommen sollen – nimm das Leben als ein dauerndes Werben Gottes um dein Einverständnis mit ihm und dem Leben.

Natürlich musste Selbsttötung früher mit einem Bann belegt sein, sonst wäre die Menschheit wohl längst ausgestorben bei den Strapazen zu überleben. Mord und Selbstmord nahmen dem Schöpfer was von seinem Besitz. Doch rissen sie sich denn von Gott los? Als Pastor habe ich manchen Selbstmörder mit zu Grabe gebracht, habe manche Abschiedsbriefe zu lesen bekommen. Je mehr ich von dem Einzelnen erkennen konnte, desto sicherer schien es mir voreilig, dass er sich das Leben verkürzte: Ich suchte, zu spät und trotzdem das Gespräch: Hattest du denn an alle Türen schon geklopft? Hattest du die Verwandlung deiner Situation mit allen Kräften betrieben? Du hast dich nicht herausgearbeitet aus krank machenden Umständen. Oder für wen hast du gemeint, stellvertretend büßen zu müssen? Oder warum hattest du so viel Hass auf dich geladen, dass du dich zerreißen ließest? Wie vielen Menschen hast du nicht die Möglichkeit gegeben, dich zu erkennen? Einer schrieb: »Der Schein des Lebens war mir zu groß, ich konnte ihn nicht wechseln.« Eine schrieb: »Ich konnte mich hier nicht mehr halten, Schmerzen treiben mich von hier weg, Gott versteht mich.« Und ein anderer: »Es ist kein Tor des Tapferen, es ist nur Flucht. Vergebt mir das Chaos, das ich euch hinterlasse.«

Also, keine Gloriole für den, der sich das Leben nimmt; aber auch keinen Bann. Die Bibel bewahrt Geschichten vom Selbstmord. Und hat immer Mitleid. König Saul ist von Traurigkeit erfüllt, nur kurz wird diese Melancholie von Davids Saitenspiel verscheucht, letztlich stürzt er sich doch in sein Schwert und sein Waffenträger macht es ihm nach. Und Trauer herrschte in Israel.

Der Prophet Elia legt sich erschöpft hin, isst nicht mehr, trinkt nicht mehr und will nicht mehr. »Ich bin nicht besser als meine Eltern, nimm mich weg von hier.« Doch ihn weckt ein Engel, nährt ihn und beauftragt ihn neu.

Judas »warf die dreißig Silberlinge des Verrates in den Tempel und erhängte sich«. Doch in der Kirche zu Vezelay, in Burgund, zeigt ein Säulenkopf die wunderbare Szene: Jesus trägt den toten Judas auf seiner Schulter, trägt ihn heim wie ein verlorenes Schaf.

Paulus sagt tiefe Gedanken: Christus ist mein Leben und Sterben mein Gewinn. Ich habe Lust, aus der Welt zu scheiden und bei Christus zu sein, aber um der Gemeinde willen muss ich noch im Fleisch bleiben (Philipper 1, 21.23).

Wir müssen nicht leben. Wir sind eingeladen, hier ein Stück Schöpfung mitzugestalten. Und das Leben lohnt uns mit viel Freude. »Der dich erhält, wie es dir selber gefällt, hast du nicht dieses verspüret?« – dieser Lobgesang gelingt doch, wenn auch nicht alle Tage. Auch ist es nicht ausgemacht, wie wir von hier wegkommen. Aber dass wir hinkommen, an ein Ziel kommen, wo wir aufgenommen werden, uns da »Fried und Freude lacht«, das glaube ich gewiss. Wir sollen wissen: Meine Zeit steht in Gottes Händen, ich soll nicht Hand an mich legen. – Und doch: »Wenn mir gleich Leib und Seele verschmachtet, bist du Gott doch alle Zeit, meines Herzens Trost und mein Teil« – singt Psalm 73. Ist das nicht ein Trostwort, gehen zu dürfen, wenn ich hier nicht mehr kann?

»Das Leben soll keine Straf sein, die Nacht soll für den Schlaf sein« (B. Brecht). So ist das Hiersein gemeint, als dennoch lebbares. Aber wer vor Schmerz nicht mehr aus noch ein weiß, und stürzt sich aus der Welt in Gottes Arme, wie würde Er nicht auffangen und heilmachen? Zumal – auch wer sich von hier wegreißt, verneint nicht den Willen zum besseren Leben, er sagt nur: Hier kann ich nicht das Gute des Lebens mehr merken und mitbetreiben. Er verneint nicht das Leben, sondern die Bedingungen, die ihm geworden sind (Ernst Bloch). Ein Trost, dass wir nicht leben müssen, sondern uns das ewige Leben nehmen, ja herbeizerren können, in größter Not. Letztlich ja entwertet nicht der Tod das Leben, sondern führt es der Krönung zu.

Aber lassen wir keinen einfach ziehen. Spüren wir eines Menschen Verlangen, aus dem Leben zu gehen, hängen wir uns an ihn, stärken wir ihm das Flämmchen Lebensmut, sagen, dass seine Sicht der Dinge unentbehrlich ist; und er nie nie austauschbar ist, helfen wir, dass sein Herz hier noch einen Halt findet – in diesem Zusammenhang: Der Hund als Halt, vertrauensbildende Maßnahme – wie vielen Tieren hätte ein Denkmal gebaut werden müssen. Und halt auch aus Liebe aus: Ich will nicht ohne den sein und will auch den nicht allein lassen. Und aus Pflicht. »Jeder ist zum Hüter mehrerer Leben bestellt, und wehe ihm, wenn er die nicht findet, die er hüten muss. Weh ihm, wenn er die schlecht hütet, die er gefunden« (E. Canetti).

Doch letztlich ist der Lebenstrieb die »feurige Flamme des Herrn« (nach Hohelied 8, 6 – dort von der Liebe gesagt). Hierseinwollen ist doch Gnade, ein Empfinden für das wunderbare noch Lebenmerken ist doch Geschenk. Feiern wir, dass wir noch sollen, noch dürfen, noch können und wollen, bis wir aus dem Rahmen des Irdischen genommen werden und in einem anderen Großen vereinigt werden.

Wir sollen die Pfeiler des Lebens unberührt lassen. Die Grenzen des Machbaren

Du tötest nicht. Du heilst und lässt die Pfeiler des Lebens unberührt. Dies Grundgebot hat durch Jesus Christus weitesten Horizont gewonnen. Johannes 9, 1–7: »Und Jesus ging vorüber und sah einen Menschen, der blind geboren war. Und seine Jünger fragten ihn und sprachen: Meister, wer hat gesündigt, dieser oder seine Eltern, dass er blind geboren? Jesus antwortete: Es hat weder dieser gesündigt noch seine Eltern, sondern es sollen die Werke Gottes offenbar werden an ihm. Als er das gesagt hatte, spuckte er auf die Erde, machte daraus einen Brei und strich den Brei auf die Augen des Blinden. Und er sprach zu ihm: Geh zum Teich Siloah – und wasche dich! Da ging er hin und wusch sich und kam sehend wieder.«

Mir ist das die liebste Wundergeschichte des Jesus Christus. Schon wie es beginnt: Jesus mit seiner Schar unterwegs. Ein Mensch am Straßenrand. Blind von Geburt an. Jesus sieht ihn, die Jünger nehmen ihn als Fall für eine theologische Debatte. Ihr Vorurteil war: Körperliche oder geistige Gebrechen, Missbildungen, Krankheiten seien Strafe, seien verfügt, seien verhängt für Sünde. Dann bleibt ihnen nur die Frage: Büßt er für die Eltern oder für sich?

Ein riesiges Feld tut sich auf: Wir wünschen uns im Innersten: Es muss doch eine Gerechtigkeit walten, die Ausgleich schafft für Mangel und Schuld. Wir verlangen so was wie Fairness vom Leben. Wir wollen ja den unverschuldet in Not Geratenen wenigstens über Wasser halten, wollen, dass er eine neue Chance erhält, legen dafür auch zusammen in Form von Steuern. Auch wollen wir Buße für Schuld. Wollen kurz und zur Not auch schmerzlich bestraft werden, wenn es dann nur wieder gut ist. Ja, wir wollen Sühne für Schuld. Wollen nicht, dass der Täter unbestraft davonkommt. So bieten sich Menschen zum Ausgleich an, fahren sich zu Tode, weil sie meinen, ein Verhängnis liege über ihrer Familie und ein Opfer könne das Schicksal gnädig stimmen. Dieser Sühnegedanke hat eine lange Geschichte, half ja auch, den Rechtsfrieden wiederherzustellen, der auf »Auge für Auge, Zahn für Zahn« geeicht war, auch Jesu Tod ist missverstanden worden als Opfer für der Welt Sünde.

So konnte auch Krankheit und körperliches Gebrechen verstanden werden als Bezahlen von Schuld aus vorigen Leben – manche halten ja diese Karma-Gesetzmäßigkeit für tröstlich: Mein Gebrechen, meine Missbildung ist für was gut, sie macht Schaden meiner Vorfahren wett. Diese Idee gibt dem Leid scheinbar einen Sinn. Aber diese Idee ist doch letztlich ein Jammer. 1. Ich bin kein eigener Mensch, sondern nur Fortsetzung anderer, für die ich büßen soll, auch wenn ich sie gar nicht kannte. 2. Darf ich dann nicht Mittel einsetzen, die meinen Schaden beheben könnten. Tatsächlich war das lange eine Art Chinesische Mauer für medizinische Kunst: Leiden, Krankheit, Missbildung seien Strafen, persönlich von Gott verhängt. Man durfte zwar den Garten der Heilkräuter nutzen, durfte auch für Geburtenverhütung das Wissen vom Zyklus nutzen, aber nicht Verhütungsmittel. Die Natur sei als Wille Gottes zu nehmen, die Natur dürfen wir nutzen, vervollständigen, veredeln, aber nicht korrigieren oder einschränken – darum keine künstliche Verhütung. Man berief sich auf das Wort des Schöpfungsberichtes: »Und Gott sah an, was er geschaffen hatte, und siehe, es war sehr gut, da ward aus Abend und Morgen der sechste Tag« (1 Mose 1, 31). Doch schon diese Basis ist brüchig: »Siehe, es war sehr gut« meint nicht: perfekt und vollkommen. Sondern: »Siehe, es ist gut, ist sehr gut für weiteres.« Der Basistext steht im ersten Kapitel der Bibel, nach den ersten 1 1/2 Seiten kommen noch 1400 Seiten dazu. Nach der Erschaffung der Welt ging es erst richtig los mit der Geschichte Gottes mit seinen Menschen. Der siebte Tag steht noch aus. – Unsere Bibel endet mit der Erwartung: Ja, komm Herr Jesus; und die Gnade des Herrn sei mit allen! – Also Weite und Fülle und Vollendung sind angesagt.

Darum ist nicht alles, was ist, aus dem Rückwärtigen zu erklären. Ist nicht einfach Wiederholung und Wiederkehr, Wiedergutmachung, nicht Kreislauf, Ring der Zeit. Sondern was ist, ist eben auch Anfang, ist Station auf dem Werdeweg, ist Werden. Gottes Für-uns-Dasein ist noch im Werden, gewinnt noch Gestalt. Auch die Natur ist noch am Werden, noch im Wandel, Gott schafft noch. Es ist noch nicht alles perfekt. Darum ist auch nicht alles so, wie es ist, der Wille Gottes, sondern ist als Werdendes Wille Gottes. Und alles Werdende hier hat hier seine Zeit und alles Tun und Lassen sein Ablaufen, seine Stunde.

Und Jesus fuhr seinen Jüngern in die Parade: Was diskutiert ihr über die Herkunft des Mangels. Diskutiert doch über die Zukunft – es sollen die Werke Gottes an ihm offenbar werden. Nicht Frucht der Sünde, sondern Saat der Hoffnung, nicht Sündenfrucht, sondern Hoffnungssaat ist dieser Mensch und alles Lebendige. Ja, Blindgeborensein ist Mangel, der Mangel kann auch Ursachen in der Vergangenheit haben. Aber der Sinn ist nicht Reparatur des Vergangenen, sondern Gedeihen der Gegenwärtigen. An ihm soll das gute Tun Gottes offenbar werden. Wäre sein Mangel Strafe, hätte Jesus nichts machen dürfen, als zu wünschen: Bleib stark und halte durch. Du hilfst den leidenden Seelen, denen dein Leid zugute gehalten wird. Doch so dreht er unser aller Denken nach vorn: Leid ist da, um es zu lindern, Hunger soll gestillt werden, Kranke sollen heil werden – wenigstens legt ihnen die Hände auf, dass es besser wird mit ihnen!, ist Gebot.

»Die Natur sei Punkt für Punkt Wille Gottes« – diese Schranke im Kopf hat Jesus weggesprengt. Natur ist Werde- und Vergehewelt – dem Menschen anvertraut, im Gehorsam gegen Gott sie auch untertan zu machen. Wir sollen uns die Natur zuordnen – den Tieren Namen geben – ist so ein Bild für Zuordnen der Tiere, wir sollen die Natur bebauen und bewahren – wohl wissend, dass wir selbst von Erde genommen sind. Als Vorbild für pfleglichen Umgang wird der Garten dargestellt und der Weinberg – also Arbeit und Veredelung ohne Ende – und Frucht ist Freude. Und eben für pfleglichen, aber bestimmenden Umgang mit der Natur steht auch Jesu Tat dem Blinden:

Jesus spuckte auf die Erde, machte daraus einen Brei und strich den Brei auf die Augen des Blinden. Und sprach zu ihm: Geh zum Teich Siloah – und wasche dich! Da ging er hin und wusch sich und kam sehend wieder. Wieder Korrektur der Natur mit Hilfe von Natur: Jesus gab etwas von sich und nahm etwas von der Kraft der Erde und wies ihn ans Element Wasser, Jesus heilt den Mangel mit Gottes Überfluss. Wir modernen Menschen wissen, dass Krankheit, Schmerzen, Alter, Tod Bedingungen jedes lebenden Organismus

sind. Und werden in der Nachfolge des Jesus die natürlichen Gege-
benheiten nicht für bare Münze, nicht für Befehl Gottes nehmen,
sondern als Ausgangsmaterial für Besseres. Der Mensch ist von Gott
zur Erkenntnis freigesetzt. Wir sind verantwortlich, das Leben zu
fordern und nicht zu beschädigen, unsere Begabungen gehören zum
Kräftehaushalt Gottes. Wehe, wir vergraben unsere Talente, statt sie
in Arbeit anzulegen, der Arbeit soll Freude, soll Nahrung, soll Hilfe
und viel Grund für »Lobe den Herrn« entspringen. – Auch die Tiere
sollen einstimmen können, und uns nicht millionenfach verklagen.

Jesu Heilung des Blinden hat grundlegend geklärt: Gott macht
nicht Missbildungen, verhängt nicht AIDS. Sonst hätte Jesus nicht
heilen dürfen. Das war ja der Grundstreit mit den theologischen
Gelehrten seiner Zeit: Was maßt er sich an, Gott zu korrigieren?
Jesus aber sieht sich als Weiterführer, als Hand Gottes, als Offen-
sichtlich-Macher seiner Taten. Und Gottes Tun ist Erbarmen: Im
Apokryphen-Buch Weisheit 11,23.24.25 heißt es: »Du erbarmst dich
über alle. Und du übersiehst die Sünden der Menschen, damit sie
sich bessern sollen. Du liebst alles, was ist, und verabscheust nichts
von dem, was du gemacht hast; denn du hast ja nichts bereitet,
gegen das du Hass gehabt hättest. Du schonst. Denn es gehört dir,
du Freund des Lebens.« Also ist Gottes Tun: Heilen, Nähren, Helfen,
Schützen, Versöhnen. –

Aber noch bitten wir: Dein Reich komme. Noch ist das Reich
Gottes, wo nur noch »Fried und Freude lacht«, erst im Rohbau da,
mit des Paulus Worten: »Wir haben jetzt den Schatz nur in irdenen
Gefäßen« (2 Korinther 4, 7), »es ist noch nicht offenbar geworden,
was wir sein werden« (1 Joh 3, 2). Klar nur Jesu Wort: »Es sollen die
Werke Gottes an ihm, an uns offenbar werden.«

Ich meine, dieser große Zusammenhang hilft auch in der Diskussion über die Grenzen der Gentechnik. Es gibt kein Zurück in die
Wiederverzauberung der Welt, kein Zurück zur Natur als Noten-
schrift Gottes, als müsse man alles nehmen, wie es kommt. Jesus hat
uns freigesprochen zum Gutmachen, hat uns zum Heilen beauftragt.

Viel Leid ist mit dem Lebensanfang und dem Lebensende verbunden. Ins Leben gerufen werden und aus dem Leben gerufen werden – Lebenseingang und -ausgang stehen besonders unter Gottes Schutz und sind mit dem Gebot bewehrt: »Du sollst nicht töten.« – Der große Theologe Daniel Schleiermacher hat diesem 5. Gebot zur Seite gestellt: »Du sollst nicht absichtlich lebendig machen« – also wünsch dir nur, Vater, Mutter zu werden, wenn du die Freiheit deines Kindes im Auge haben willst, nicht aber die Befriedigung deiner Wünsche betreibst – unter Aufbietung aller wissenschaftlichen Möglichkeiten. Kinder sind eine Gabe Gottes – wie viel medizinische Mühen dürfen Menschen einfordern, um ihren Wunsch nach selbst gezeugten, selbst geborenen Kindern sich zu erfüllen? Wer will da richten? Gott hat uns mit Neugier und Forschungstrieb ausgestattet, dieser ist Bestandteil der Kräfte Gottes und hat zu vielen heilenden Medikamenten und Operationstechniken geführt.

Dagegen jetzt nur eins: Bei der künstlichen Befruchtung werden viele Embryonen hervorgerufen. Dies erst gibt die Möglichkeit, sie zu untersuchen, und die Versuchung ist dabei, unter ihnen auszuwählen und die verheißungsvollste Zellkultur einzupflanzen und die übrigen – ja tiefzugefrieren, oder zu vernichten oder an ihnen zu forschen. Aber schon das Wort Zellkultur verwischt, dass es menschliches Leben ist, mit dem etwas angestellt wird, was nicht diesem Leben dient. Dann wäre der Sündenfall schon die künstliche Befruchtung, weil sie so viel Leben ins Leben ruft, das nicht leben darf. Gibt es denn ein Recht auf ein Kind, ein selbst gezeugtes Kind? Soll man die künstliche Befruchtung, die so viele Embryonen freisetzt, wieder verbieten? Weil sie einhergeht mit Tötung vieler anderer Lebenspotenzen? Und sie nutzen, weil sie nun einmal da sind, das verzweckt Leben. Und das soll auch an den äußersten Rändern nicht sein, hier sollte den Anfängen gewehrt bleiben. Gott sucht ja mit seinen Forschern noch die Mittel gegen AIDS und Krebs und Mukoviszidose und und und. Aber entscheiden, das werdende Leben mit Beschädigung sei nicht lebenswert? Wenn die Eltern sich zur Abtreibung entschließen, sie haben unser Mitgefühl, aber wenn

Fruchtwasseruntersuchung bald Pflicht wird und ein Kind mit Behinderung von der Krankenkasse nicht mehr gefördert würde – es ist doch dieses Kind, das leben soll. Wenn wir das fraglich machen, ist die Bestellung bestimmter Gencocktails nur noch eine Frage der Zeit.

Wir alle haben die volle Offenbarung der Werke Gottes noch vor uns – sind aber auch angestellt, jetzt schon alles zum Besten, zum Bestmöglichen zu kehren und die Lasten mitzutragen. Wir sind aus passiver Schicksalsergebenheit vertrieben. Wir sind verpflichtet, den nahrhaftesten Reis zu züchten und die milchreichsten Kühe und die keimfreiste Art der Blutübertragung zu finden. Es gab Zeiten, da hielt man es für Gott gegeben, dass zwei von drei Kindern bei der Geburt starben, und viele Mütter im Wochenbett. Aber Gott will weniger Leid. Darum ist uns die Verminderung von Leid geboten, aber nicht durch Designen des perfektionierten Menschen. Sonst wird mal Leid unter Strafe gestellt und Eltern behinderter Kinder werden von den dann erwachsenen Behinderten verklagt und Gebrechlichen wird der Gnadentod verordnet.

Wer für seine Person auf menschliche Würde Wert legt, muss sie an den Rändern schützen – dass auch das hilfloseste, ausgeliefertste Leben Recht auf Leben hat. Und das schwächste Menschenleben ist das Leben vor der Geburt und das Leben nah am Sterben; es hüten, es behutsam hegen, Schmerzen lindern mit den dafür von Gott geschaffenen Opiaten, aber nicht Leben abschaffen, nicht das Kleinste zerlegen zu anderer Leutes Nutzen. Wir sollen heilen, vor allem mit Brot, Reis für die Welt – wir sollen heilen, aber wir sollen die Pfeiler des Lebens unberührt lassen.

Unsere Mitgeschöpfe, die Tiere

Aus einem Brief von Frau Brigitte A. aus Odenthal: »Ich habe auch das Sylter Tierheim besucht, dort saß und sitzt u. a. ein Schäferhundmischling namens Sly ein, von seinem vorigen Besitzer abgemagert und ungepflegt abgegeben. Trotzdem trauerte der ca. acht-jährige Hund diesem Menschen, der sein Zuhause war, nach. Ich würde mir für diesen inzwischen wieder lebensfrohen braven Kerl, der seine Aufgabe als treuer Behüter von Haus und Familie erfüllt, ein gutes Zuhause wünschen. Ich weiß, es gibt einen Platz für ihn, bitte helfen Sie mit, ihn zu finden.«

Ich will wieder mehr Achtung vor Tieren haben. Sie gehören wie wir zur Schöpfung:

In Gottes Hand ist die Seele von allem, was lebt (Hiob 12, 10). Und Martin Luther versichert: »Ich glaube, daß auch die Hündlein und Belferlein in den Himmel kommen, und daß jede Kreatur wahrhaftig eine Seele habe.« Ja, »ganze Weltalter voll Liebe werden notwendig sein, um den Tieren ihre Dienste und Verdienste an uns Menschen zu vergelten« (Christian Morgenstern).

Vom Ursprung her hat Gott Mensch und Säugetier an einem Tag, in einem Schöpfungsabschnitt, geschaffen und uns an den gleichen Tisch der Gaben Gottes gewiesen. Nicht durch Gottes Gebot ist Töten und Schlachten in die Welt gekommen, zunächst sollte der Mensch sich nähren von den Früchten des Feldes. Auch später war Fleischverzehr den Reichen vorbehalten. Fleisch gab es an Festen und war dem Opfer vorbehalten. – Gut, dass wir wieder bewusster essen lernen. Unser Verbrauch von Tieren ist sündhaft.

Gott hatte ursprünglich die Menschen in den Garten gesetzt, ihn »zu bebauen und zu bewahren« (1 Mose 2, 15 – herrlich, schon hier der ökologische Auftrag). Der Baum mitten im Garten zentriert die Welt um Gottes Willen, die Tiere führt er zum Menschen, auf dass er mit ihnen rede und ihnen Namen gebe, sie sich zuordne.

Noch in der Sintflut werden die Tiere paarweise mit der Men-schenfamilie gerettet. Und das Ruhen am Sabbat gilt auch für die Tiere. Aber mehr und mehr werden die Tiere zum Besitz, der auch verzehrt werden kann, und der Befehl »Macht euch die Erde unter-tan« (1 Mose 1, 28) wurde missverstanden als Freibrief, sich der Natur rücksichtslos zu bedienen, was die Tiere zu Rohstoff oder »Biomasse« herabstufte.

Einsamer Rufer blieb im Christentum der heilige Franziskus, der zur Verwandtschaft mit Sonne und Mond fand, den Tod als Bruder anredete, der die Waldtauben zähmte durch seine Worte und milden Augen, auch den wilden Wolf von Gubbio ohne Angst ansprach und den Fischen predigte. – Albert Schweitzer, der Urwaldarzt von Lambarene, großer Orgelspieler und großer theologischer Wissenschaftler, später Friedensnobelpreisträger, erzählt, wie Tiere zu seinem Alltag gehörten: »Zum Glück nicht Schimpansen, die die Schrankschlüssel blitzschnell drehen und dann wegwerfen, die sich in jedes Bett legen und die Hühner jagen«, so erzählt er. – »Alle Tiere benehmen sich zurückhaltend, außer den Affen. Man spürt, dass der Mensch nicht fern ist« (Émile M. Cioran). Aber die Papageien Suku und Kudeku, der Hund Caramba, die Antilopen und das zahme Wildschwein Josephine gehören zur Familie. Im Zusammenleben mit den Tieren hat Schweitzer das Gesetz gefunden, das uns allen einleuchten müsste: »Du bist Leben, das Leben will, inmitten von Leben, das Leben will.«

Doch wir sind noch weit von diesem Respekt entfernt. Gedankenlosigkeit und Profitgier sind uns nah: Die Haustiere, die nach Weihnachten abgegeben werden oder in der Urlaubszeit einfach auf dem Rastplatz ausgesetzt werden; die Höllenfahrten der subventionierten Schlachtviehtransporte in den Nahen Osten, und nur eine Information: Haifische, rund 350 Arten, vier davon können dem Menschen gefährlich werden. Sie ernähren sich von Algen, Krebsen, Fischlarven, die sie mit ihren Kiemen wie mit einem Sieb aus dem Wasser fischen; sie sind ohne Schwimmblase, ihre riesige ölhaltige Leber verschafft ihnen Auftrieb. Die Schwangerschaft der Dornhai-Weibchen dauert 22 Monate; erst mit 20 Jahren werden sie fortpflanzungsfähig. Jedes Jahr sterben wohl 10 Menschen durch Haie, aber 50 Millionen Haie werden durch Menschen getötet und zu Fischmehl verarbeitet. Das Schlimmste: Die Flossen bringen auf Asiens Märkten pro Kilo 100 Dollar. Für die begehrte Suppeneinlage schneiden Fischer den Haien bei lebendigem Leibe die Flossen ab. Die bewegungsunfähigen Tiere sinken auf den Meeresgrund und verenden erbärmlich (»Mensch und Tier 1/97«). Und die afrikanischen Elefanten und Nashörner, die vietnamesischen Kragenbären, und der BSE-Wahn und die Tierquälerei an Rennpferden ...

Dank an die leidenschaftlichen Mitmenschen, die die Öffentlichkeit aufrütteln. Oft braucht es wochenlange Recherchen. Nur wenn Missstände an die große Glocke kommen, kann es wenigstens kleine Erfolge geben: Nach langem Ringen ist jetzt die Frischzellentherapie verboten und bei der Kälbermast ist ab jetzt die Haltung in Einzelboxen untersagt.

Was verdanken wir den Tieren nicht alles! Als wir Kinder waren, hat das Meerschweinchen, das Häschen uns doch wunderbare Gefühle gemacht, das erste Lebendige, das uns anvertraut war. Und die Gespräche zwischen Herrchen bzw. Frauchen und Hund: wie sie ihre Stirn in Falten legen, uns zum Durchhalten ermutigen; wie sie von Träumen geschüttelt scheinen und wie sie seufzen und vor Behagen grunzen und einfach so sind, wie sie sind, auch so hocherfreut, wenn man zurückkommt. »Wer warst du, ehe du Hund wurdest?«, könnte man fragen und schon Anhaltspunkte finden für Seelenwanderung. »Jeder Hund ist besser als kein Hund«, sagt Konrad Lorenz.

Oder die Katze: »Misstrauen, Wollust, Egoismus, ich möchte sagen, das konzentrierteste Tier. Und die Selbstachtung der Katze ist außerordentlich«, sagt Christian Morgenstern; und Fernando Pessoa: »Ich habe Katzen den Mond anschauen sehen, und ich weiß nicht, ob sie ihn nicht für sich haben wollten.«

Auch Jesus hält uns die Natur als Lehrstück vor: Schauet die Vögel, sehet die Lilien (Mt 6, 26.29), lernt von ihnen, sie sind im Zusammenhang, aber ihr seid nicht mittig, ihr seid verrückt. Dies Unrundsein des Menschen hat natürlich damit zu tun, dass unser Innerstes uns oft voran ist in Vorsorge oder Vorfreude, oft auch hinter uns zurückbleibt in Nachsinnen. Jesus lockt nicht zurück auf die Bäume. Aber bei all dem Grübeln könnten wir etwas von den Tieren annehmen – etwas von der wunderbaren Fähigkeit, jetzt hier zu sein, im Augenblick ganz da.

»Seitdem ich die Menschen kenne, liebe ich die Tiere« – das Wort des Alten Fritz zeugt auch von Selbsterkenntnis und Menschenverachtung. Und verwechselt einiges. Liebe zum Tier ist ohne Konflikte, ohne Entwicklung, idyllisch, ist nicht von Gleich zu Gleich. Der Hund ist seinem Herrn treu, nicht einem andern Hund. Hat der Mensch nichts anderes, dem er treu sein kann, ist das auch Armut. Aber ein Hund, dein Hund meint schon dich persönlich; Homer erzählt von Odysseus, der seine vielen Kriege und Irrfahrten hinter sich gebracht hat und nach Hause kommt und nur von seinem Hund Argus erkannt wird. Es ist auch das Sterben für beide Seiten ein großer Schmerz; wer ihn erlebt hat, verzichtet oft auf ein neues Tier.

Auch gedacht sein soll an die unendlich viele Arbeit der Kaffernbüffel, Pferde, Esel, Elefanten, Kamele. Und sie machen Jammer – die Legebatterien, Lachskäfige und Schweinefleischfabriken, die Testformationen. In der Frühzeit wussten die Menschen noch, dass sie sich für das Töten ihrer Jagdbeute zu entschuldigen haben. Wir müssen wieder die Mitgeschöpflichkeit lernen, wieder mal Vieh auf der Weide anschauen, uns vertiefen in die Augen einer Kuh – dann werden wir sehen, wie das Tier eine Seele und ein Schicksal hat.

Der Satz irgendeines alten Theologen: »*Deus est anima brutorum* – Gott ist die Seele der Tiere« (Fernando Pessoa). *Animal*, lat. das Tier, überhaupt das Lebewesen; und *anima* heißt ja die Seele – die Verknüpfung birgt etwas Geheimnisvolles. In der Bibel heißt es: Gott ist das Lebendige in allem Fleisch (4 Mose 16, 22).

Jedenfalls bleiben die Tiere den Menschen auf der Spur, wir bleiben verwickelt in eine gemeinsame Zukunft: Noch ist Mühe und Seufzen, aber, sagt Paulus: »Auch das ängstliche Seufzen der Kreatur wartet auf die herrliche Freiheit der Kinder Gottes« (Römer 8, 18). Und die Friedenssehnsucht hat wohl kein schöneres Bild gefunden als das des Propheten Jesaja, 11. Kapitel: »Da werden die Wölfe bei den Lämmern wohnen, und ein Kind wird Kälber, Löwen, Mastvieh miteinander hüten, und Löwen werden Stroh fressen, und nirgends wird mehr gesündigt, und das Land ist voll Erkenntnis Gottes.«

Du sollst nicht ehebrechen.
Liebe! Und schütze Ehen.
Das sechste Gebot

»Und Gott baute aus der Rippe des Einen die Andere. Da sprach der Mensch: Das ist ja Bein von meinem Bein und Fleisch von meinem Fleisch. Darum wird jeder Mensch Vater und Mutter verlassen und an seinem Gefährten hängen und werden die zwei ein neues Ganzes« (1 Mose 2, 22.24).

In einer Diskussion über die Ehe sagt Jesus: »Was Gott zusammengefügt hat, das soll der Mensch nicht scheiden.« Die Pharisäer halten Jesus entgegen: »Und warum hat Mose einen Scheidebrief erlaubt?« Jesus antwortet: »Wegen der Härte eurer Herzen; vom Ursprung her, vom Wesen der Liebe her, ist es anders gedacht« (Mt 19, 6–8).

Das Ehebruch-Verbot (2 Mose 20, 14) stellte in Israel die Ehe des andern Mannes unter Schutz. Einer sollte nicht den andern um seine Frau berauben. Du sollst ihn nicht töten und nicht an sein Eigentum gehen – die nächsten Gebote zählen das Eigentum nach der (damaligen) Gewichtung auf: Ehefrau, Ehre, Haus, »und alles, was sein ist«; im zehnten Gebot taucht die Frau noch mal auf mit und vor Knecht und Vieh.

Es ging im sechsten Gebot nicht um den Schutz der Liebe, auch nicht um den Schutz der Frau. Die Frau ließ sich leicht wegschicken; ihr einen Scheidebrief ausstellen, das ging jederzeit – man hat sie ja mal den Eltern abgekauft. Eine neue Frau heiraten oder einige noch dazu sich beigesellen durfte der Mann jener Zeit, wenn er wohlhabend genug war.

»Ehebruch war die Verletzung von Rechten des Ehemannes durch den Ehebrecher. Untreue des Ehemannes war juristisch unerheblich« (Uwe Wesel). Als Schutzsatz für des andern Ehebesitz ist das Gebot gänzlich abgetan. Keiner gehört einem anderen. Wir bleiben auch in der Ehe je eigene Personen, eigenes Rechtssubjekt. Auch ließe dieses Gebot, wörtlich genommen, alle Unverheirateten ohne Weisung.

Vielleicht heißt das sechste Gebot eigentlich: Du sollst lieben. Oder als Zusage: Du, Gottes Mensch, liebst. Und wenn du einen derartig liebst und von ihm so geliebt wirst, dass ihr eine Sache miteinander machen wollt, bis dass der Tod euch scheide, dann ist das Ehe, aus der du dich nicht brechen willst, die du nicht zerbrechen willst, und auch keinen anderen willst du aus seiner Ehe brechen. Aber Ehe muss der Liebe dienen.

Ja, der Traum vom Paar, das in ewiger Liebe einander anvertraut ist – dieses Bild ist vom Ursprung her uns mitgegeben. Und die katholische Kirche wagt diesen Traum in der irdischen Ehe zu institutionalisieren; das Paar gibt einander die Eucharistie, sie geben einander den Leib Christi, von dem sie ein Teil sind als das ewig für einander zugeschnittene Menschenpaar; darum ist Scheidung auch prinzipiell unmöglich. Evangelische Kirche traut auch Geschiedene, sie macht auch die Ehe nicht zum Sakrament – zu riskant ist für ein Sakrament diese Verknüpfung von Menschenwille – der auch purer Eigensinn sein kann – und Gottes Wille. Für Luther ist Ehe ein »weltlich Ding«, das sicher Dank und Fürbitte haben soll – einen Gottesdienst anlässlich der Eheschließung – aber kein Eid, kein Gelübde soll gegeben werden, wohl eine Willenserklärung unter Gebet, dass diese beiden sich annehmen wollen aus Gottes Hand, bis dass der Tod sie scheide – dazu Bitte um Segen; vor allem, dass die Liebe bleibe.

Evangelische Kirche gibt keine Garantie, dass die beiden das Paar sind, das vom Himmel bestimmt ist zur ewigen Liebe. Wohl ist in uns das Bild vom Paar gelegt, doch dieses verkörpern in Gestalt der Ehe bürgerlichen Rechtes ist ein anderes Ding. Und wenn die zwei sich eins wissen, immer wieder einig werden zu wollen, ist das ihr Wille; und sie dürfen ihn als Gottes Willen glauben – und der Pastor/die Pastorin darf über ihnen sagen: »Was Gott zusammengefügt hat, soll der Mensch nicht scheiden.«

Doch den einen verwirklicht sich der Traum vom Paar in einer lebenslänglichen Ehe, anderen mehr in Gestalt eines Reigens. Paulus riet energisch zur Ehelosigkeit. Diese aber muss ja nicht geschlechtslos gelebt werden; nachdem zuverlässige Empfängnisverhütung möglich ist, ist der einzige Grund für »Keuschheit« als Tugend dahin.

Eine persönliche Entscheidung zu zeitweisem oder dauerndem Verzicht auf Liebe mit Leib und Seele kann erhellende Freiheit für andere Intensität bedeuten. Aber das Sich-körperlich-Vermeiden als ethische Leistung, als »gutes Werk« ausgeben, ist Willkür.

Enthaltsamkeit hat im biblischen Rahmen einen schlechten Stand. Im zehnbändigen Wörterbuch zum Neuen Testament steht zu *enkrateia,* d. h. Selbstbeherrschung, geschlechtliche Enthaltsamkeit: »Es ist auffällig, welche äußerst geringe Rolle in der biblischen Religion die Enthaltsamkeit spielt. Das Wort taucht in der Bibel nur an drei Stellen auf (u. a. Gal 5, 22). Abgeschnitten war durch den Schöpfungsglauben der Weg in die Askese. Judentum und frühes Christentum erkannten in der Welt mit ihren Gaben Gottes Schöpferhand.« Auch Jesus als asexuelles Wesen zu denken, ist verstiegen, wenn nicht doketistisch, also irrlehrend, als habe Gott nur scheinbar Menschenverkleidung angenommen. Wenn in Jesus »das Wort Fleisch wurde« (Joh 1, 14) und er »den Menschen gleich und der Erscheinung nach als Mensch erkannt wurde« (Phil 2, 7), dann gehört Geschlechtlichkeit selbstverständlich zu Jesus – auch wenn offen ist, wie er sie gelebt hat. Für jüdische Theologen ist ein »Rabbi« selbstverständlich verheiratet und Vater vieler Kinder – wäre das bei Jesus nicht der Fall gewesen, hätte er nicht als »Rabbi« gegolten. Maria Magdalena war ihm gut und er ihr, von einem Jünger heißt es, »dass er ihn besonders lieb hatte« (Joh 13, 23) – die Abendmahlsbilder mit Johannes innig an Jesu Schulter bewahren sicher eine liebevolle Wahrheit – wie auch immer, mein Jesus hat mit Leib und Seele geliebt und ist auch umfassend geliebt worden.

Das sechste Gebot gebietet zuallererst mal Aufmerksamkeit für das weite Feld der irdischen Liebe. Es ist Gottes schönste Erfindung und innigster Vorgeschmack auf Himmel und Vollendung. Sie steht nicht nur der Ehe zu, Liebe in Freundschaft und Ehe sind Thema des sechsten Gebotes. – Liebe war schon, als Ehe noch gar nicht war, und da wir alle Liebe brauchen, suchen, geben, finden, auch vor oder nach Ehe, auch ohne Ehe und oft auch neben der Ehe, ist erst zu reden über das Lieben und dann auch über Ehe als eine Form, eine Liebe zu schützen und zu entfalten.

Unsere Anschauung von der Liebe ist unverlierbar geprägt durch die Schöpfungsgeschichte, die einer mal »die wahre Sage« genannt hat. Gott schafft den Menschen als Mann und Frau, sodass einer beim Anblick des andern jubelt: Das ist ja meins, das ist ja Ich noch einmal, noch einmal anders.

Das Paar ist auch die Entdeckung der schönsten Gestalt, wie Zusammengehören irdisch abzubilden sei: die zwei, die beisammen sind nicht in Unfreiheit, auch nicht in Freiheit (im Sinne von Gewährenlassen bis zum Desinteresse), sondern in Verbundenheit (nach Martin Buber). Gott steckte den Menschen mit Paarlust an; die fühlt schon bei Pflanzen und Tieren hauchweise vor; man denke an die Blüten und die Schnecken.

Aber dann: In den Menschen kommt die Lust, sich zu verknüpfen zu lichterloher Bewusstheit. Eins »erkennt« den andern – so das alttestamentliche Wort für Miteinanderschlafen (1 Mose 4, 1). Der Mensch findet erst in Rücksicht auf des andern Sein zu seiner eigenen Seele, zu seinem eigenen Leib. Eins hilft dem andern als Spiegel, sich zu finden. So ist die Liebesumarmung ein heiliges Geschehen, ein neuer Schöpfungstag immer wieder, zwei Bruchstücke erleben sich als verwandt, sie reichen sich einander als Brot und Wein der *communio* (Novalis), sie schmecken sich und können sich riechen, sie fühlen sich eine Strecke weit ausgebootet aus der Pflichtzeit, Puzzlesteine, die schon wenigstens an einer Seite zum Ganzen gehören; zwei verschmolzen für Augenblicke Ewigkeit. Da gelingt das Wunder von Ganzsein, wo keiner mehr an sich denkt, sondern beide aufgehoben sind zu einer Kugel in Gottes Händen. Es könnte dies ein Gleichnis sein für das Wieder-zur-Einheit-Zurückfinden, das uns mit dem Himmelreich ja bevorsteht. Weise Juden sagen: »Es sind drei Beweise für die Existenz Gottes: die Sonne, der Sabbat, die Liebesumarmung.« Und Marie Luise Kaschnitz: »Die Blüte irdischer Liebe gabst Du mir zum Pfand fürs Reich des Geistes und der Güte.«

Und noch inniger, eigentlich nicht zu sagen, nur gewahr zu werden im Lieben: »Gott schuf den Menschen zu seinem Bild als Mann und Frau« (1 Mose 1, 27). Gott, der Ganze, hat in seine Menschen die Suche nach Ganzwerden eingesät, hat uns als fiktive Hälften geschaffen, die ihre Ergänzung immer suchen, sie immer auch für kurze Zeit genießen dürfen, wie brüchig auch immer. Doch auch diese Findezeiten sind erst und nur Ouvertüren, begnadete Anfänge, Schlüssellochblicke in Richtung Ein-Ganzes-Werden mit allem und jedem.

Was von Leib zu Leib gelingt, ist gefährdet; Hilde Domin sagt es: »Du und ich / Von Warm nach Kalt / Wie schnell das geht / Haut und Gänsehaut.« Schnell kann Argwohn das Paar zerspalten. Dass zwei sich lieben, bestätigt: Gut, dass du da bist, gut, dass es dich gibt; erst mal ganz unabhängig, wie lange und wie oft sie sich gut sind, sie werden voneinander gehen, gestärkt in dem Wissen: Ich bin liebenswert, ich bin liebesfähig. Auch wenn ein Lieben endet, nimmst du doch mit diese wunderbare Gewissheit: Du hast zum Glück mindestens dieses einen Menschen beigetragen. Und der fand Liebenswertes an dir. Wenn ihr euch verliert, dann bleibe euch mindestens als Essenz des Gemeinsamen: Geliebthaben, Geliebtwordensein bleibt bei einem jeden von euch und wird die nächsten Phasen der Liebe mit färben.

Das Lieben ist unsere Bestimmung. In diesem Sinne sagt Peter Handke: »Jeder Kuss ein Segen.« Vielleicht werden wir dermaleinst Rechenschaft geben müssen für die versäumte, ausgelassene, nicht gelebte Zartheit – den Kindern, dem Ehegefährten und jedem Menschen, der unsere Nähe gebraucht hätte; aber wir waren zu solistisch, zu angepasst, eifersüchtig, blind, dogmatisch, träge, phantasielos. Sicher gibt es auch voreilige Küsse, aufgezwungene, leere, heiße Luft eben, und der andere hat es als Versprechen genommen. »Mit der Liebe spielt man nicht« könnte auch meinen: »Du sollst nicht geliebt sein wollen, wo du nicht liebst« (Friedrich Schleiermacher).

Wundersam, dass in der deutschen Sprache nur ein Wort da ist, wo die Griechen viele haben: Eros, Agape, Philia, Epithymia, Erotik, Nächstenliebe, Freundschaft, Leidenschaft; wir haben nur: »Liebe«. Und wie wahr: Auch Nächstenliebe ist doch eine Abteilung der Liebe; Liebe – womöglich die höchste Stufe und extremste Form von Nächstenliebe (Peter Nadas). Die Wechselseitigkeit ist das Köstliche am Lieben, glückhafte Liebe gibt beim Nehmen und nimmt beim Geben. Im Ideal anzuschauen beim Kind an der Mutterbrust – wer stillt da wen?

Liebe als Quelle der Freude dürfen wir genießen in vielen Formen und Farben; die umfassendste ist sicher die Ehe, aber auch ein gelingendes Gespräch, ein befreiendes Wort in peinlicher Situation, ein versöhnliches Lachen, ein gemeinsames Tafeln, ein Beten, Freundlichkeit aller Art ist vom Schatz der Liebe genommen. Deren köstlichste Perlen aber schenken ein umfassendes Ja; zwei suchen eins im andern so was wie Unterkunft, wenn nicht gar Heimat.

Es gibt viele Bindekräfte; die Sexualität aber ist Kern des Magnetfeldes, das uns zueinander hinzieht. Es ist wohl Gottes menschenfreundlichste, aber auch hintergründigste Erfindung. »Wir sind Engel mit nur einem Flügel. Wenn wir fliegen wollen, müssen wir uns umarmen«, sagt Bellavista.

Auch die vielen anderen Farben sind enorm kostbar und anziehend: die intensive Sympathie, mit dem anderen zu leiden, weil sein Leid als Stich ins eigene Fleisch empfunden wird; mit dem anderen sich freuen, noch die Fußballspieler mitbejubeln oder die Baumhäuser der Kinder mitbauen. Gemeinsames, das mehr Möglichkeiten eröffnet, und das Schöne – Mozart, Picasso, das lächelnde Antlitz des Passanten – bestätigt doch den Glauben an ein Gutsein des Ganzen.

Also nicht der Einzelne im Meer von Fremdheit, bis er seine Doublette gefunden hat und die beiden dann in einem Zweipersonenboot auf einem Meer des Grauens sich aneinander festklammern. Sondern Liebe entwickelt das Bild vom polar getönten Kosmos, von einer auf Freundschaft gestimmten Menschheit, die Jesus ausruft, eben auch, indem er nicht heiratet, nicht Familie gründet.

Jesus ruft die Familie Gottes aus: Die patriarchalischen Druckmittel zerbröselt er: »Einer ist euer Meister, ihr aber seid alle Brüder und Schwestern, und wer der Größte unter euch sein will, sei Diener aller« (Mt 23, 8.11). Er drängt auch die matriarchalischen Begehrlichkeiten zurück. Zu Maria sagt er einmal: »Frau, was geht's dich an, was ich tue« (Joh 2, 4). Und: »Bruder, Schwester, Mutter sind mir die, die den Willen Gottes tun« (Mt 12, 50). Der sterbende Jesus bzw. der auferstandene Christus sagt zu Maria und Johannes, die unter dem Kreuz stehen: »Frau, das ist dein Sohn; Johannes, das ist deine Mutter« (Joh 19, 26 f.). Sie werden zueinander gestellt, einander anvertraut; nicht mehr Genetik oder Recht verbindet sie, sondern die Liebe, die das Zuständigsein füreinander lebt. Liebe ergänzt das Bedürftigsein auf eine sehr persönliche Art von Angesicht zu Angesicht. Auch das Rote Kreuz liebt: Helfen ist doch die Mutter der Liebe.

Ehe ist Institutionalisierung des Wunders – Ehe will sich annehmen aus Gottes Hand, sich lieben und ehren, in Freud und Leid nicht verlassen, bis dass der Tod sie scheidet. Dabei ist Liebe nicht zu bannen. Aber muss es so aufgeteilt sein: »Es gibt das sinnliche Verlangen, sich mit einem andern Wesen zu vereinen, und das vernünftige Verlangen, einen Lebensgefährten zu haben«? – Albert Camus sagte das, aber er sagte auch: »Ehe ist die einzige Liebe ohne Illusion, nämlich die Liebe mit der Bereitschaft, gemeinsam alt zu werden.« Generell lässt sich wohl nur sagen: Ehe muss der Liebe dienen. Aber sie kann es auch. Ehe ist Bleiben; was heute nicht gelingt, gelingt vielleicht morgen oder nächstes Jahr – Ehe ist auf Dauer angelegt, will ein gemeinsames Haus aus Sprache und Erinnerungen, Projekten, will gemeinsames Konto, Bestehen von Mühen und Schrecknissen, Bereiten von Glanz und Festen. Gemeinsame Kinder, wenn möglich; sie gemeinsam erziehen und irgendwann sie in deren eigene Zukunft gehen lassen.

Ehe ist Kenntnis vom andern, inklusiv dem Verschwiegenen und Nichterfragten; ist wissen, was ihm gut tut und ihm weh tut – wissen, wie weit man gehen darf – das Wissen, was im Konflikt Priorität hat und dass es den gemeinsamen Gewissheitskern zu schützen gilt. Ehe sucht zu vermeiden, was das Bleiben zerstörte.

Ehe ist zutiefst Freundschaft und gutes Verhältnis zurzeit – die Bedürfnisse wandeln sich; wohl den beiden, wenn sie sich Geleit geben, ohne alles an Ergänzung von dem einen zu verlangen. Ehe findet im Laufe des Weges zu der ganz bestimmten, höchst individuellen Wahrheit – gerade den Geliebtesten braucht man ja am meisten, ihn will man am wenigsten enttäuschen, darum wird viel geschont – und geschönt eben auch. »Man hat immer einen Zeugen« (Javier Marias). Das ist nicht jedes Menschen Sache. Sich nah sein und doch sein Eigenes machen will gelernt werden. »Sag einfach, wie es mit dir ist« (Ruth Cohn) – aber selektiv authentisch – alles zur richtigen Zeit.

Und viel Lachen auch über sich selbst, sich komisch finden, langsam auch Verwandtschaft im Humor. Und eine Streitkultur finden, die beiden Raum lässt und immer neu austariert, welche Nähe, welche Distanz jetzt bekömmlich ist. Und viel Vergebung, besser noch, nicht soviel schuldig machen durch Vergeben, sondern den eigenen Anteil mitübernehmen und sagen, denken: nicht leicht du zu sein, ich zu sein; zusammen geht's.

Großzügigkeit im Laufe der Zeit, durch die Finger gucken, nicht verhören, nie Fallen stellen; nur fragen, was man muss, und abwarten können, bis er/sie selber sich regt (Hld 8, 4). Aus der Mengenlehre gelernt haben: viel gemeinsame Schnittmenge, aber auch je eigene Teilmenge. Jedem auch sein eigenes Stück Garten, das der andere nur eingeladenerweise betritt. Und: Hauptsache, du bist glücklich; das Zweitwichtigste: mit mir.

Und die Beute an Geld, Erfolg, Freude draußen mit nach Hause bringen, umgemünzt. Und wachsende Gelassenheit, was Freundschaften hinzu angeht. »Wir müssen uns frei machen von der Vorstellung, als mache sexuelle Treue schon eine gute Ehe oder ohne diese sei eine gute Ehe unmöglich«, weiß Max Frisch. Wie Entbehrung und Mangel bestanden werden, auch die verschiedenen Tempi, und dass die Körperfreude möglicherweise dem einen sehr wichtig, dem andern eher weniger wichtig ist – wie das »Einer trage des anderen Last mit« (Gal 5, 2) in dieser Ehe gelebt wird, bleibt die Arbeit dieses Paares. Liebe ist: nicht zu viel vom andern zu erwarten – wie die beiden das umsetzen, wie die Gezeiten der Liebe in der Ehe ausgehalten bleiben, das macht jede lebendige Ehe zu einem Wunder.

Es ist Frucht einer zweitausend Jahre alten Christentumsgeschichte, inklusiv der von Kirche teils ungeliebten Aufklärung, dass die Würde des Einzelnen unantastbar ist, auch in der Ehe. Dazu gehört, dass jeder Mensch Zweck in sich selber ist und nicht zum Zweck gemacht werden darf. Darum sind auch alle Ehekonzepte absurd geworden, die den Zweck der Ehe in Kindern sehen oder/ und in der Kasernierung des Triebes. Ehe muss der Liebe dienen, das ist Wiederfinden der Wahrheit des Ursprungs.

Die Schriftgelehrten gehen im Streit mit Jesus (Mt 19) das Thema ganz anders an: Ehe ist für sie eine juristische Körperschaft wie Nation oder Firma mit Gesetzen und Klauseln. Und wer der Stärkere ist, der hat von Klauseln und Kleingedrucktem immer mehr Nutzen als die andere. Und ganz klar, die Schriftgelehrten von damals waren Männer, und die Männer wollten ihre Herrschaft in der Ehe nutzbringend anwenden: Wohl ist die Frau Herrin des Hauses, aber doch in des Herren Haus und doch von des Mannes Gnaden, und wenn sie Zicken macht, muss es möglich sein, sie loszuwerden ohne große Abfindung. Sie ist die Mutter seiner Kinder; es bleiben seine Kinder. Sie ist ja abgekauft dem Schwiegervater, jetzt soll sie sich bezahlt machen. Darum war auch selbstverständlich die Steinigung als Strafe für die Ehebrecherin (Joh 8). Jesus kann die Richter (diesmal) bekehren zur Einsicht, dass sie selber gelüstende Gedanken haben: »Wer ohne Sünde ist, der werfe den ersten Stein.« Jesus entzieht den Männern ihr Besitzdenken als Ehebasis – und lockt sie »heim« in Richtung Liebe. Die Pharisäer hielten es für Männerrecht, die Frauen austauschen zu können. Jesus sagt, wegen eurer Herzenssklerose ist euch die Möglichkeit zur Scheidung von Mose eingeräumt. Ihr denkt bei Ehe an Besitz. Aber Ehe beleiht doch den Traum vom Paar, Ehe hat doch mit Liebe zu tun; die ist vom Wesen her ewig und überhaupt kein Feld für Machtworte.

Eheleute sollen sich nicht scheiden lassen. Der Glaube, Gott habe sie zusammengefügt und gibt die tägliche Ration Liebe, der soll sie gemeinsame Sache machen lassen, bis dass der Tod sie scheide.

Aber wenn dieser Glaube sie verlässt, sind sie schon von der Liebe Verlassene, und dann muss nach langem Mühen ein Auseinandergehen möglich sein.

Paulus sieht Ehe nur verbissen, nur als Notinstitut gegen umtriebiges Liebesleben – »Es ist gut für den Mann, keine Frau zu berühren. Aber um Unzucht zu vermeiden, soll jeder seine eigene Frau haben und jede Frau ihren eigenen Mann ... besser heiraten als sich in Begierde zu verzehren ... Aber jeder hat seine Gabe, der eine so, der andere so. Jeder soll so leben, wie der Herr es ihm zugemessen, wie er einen jeden berufen hat« (1 Kor 7, 1.2.7.9.17).

Doch darum, Paulus, schade, dass du sagst, es sei gut, dass keiner den andern anrühre. Es hat doch jeder seine, jede ihre Gabe, der/die eine so, der/die andere so. Dabei hast du tief geblickt: »Die Frau verfügt nicht über ihren Leib, sondern der Mann, und der Mann verfügt nicht über seinen Leib, sondern die Frau« (V. 4), und empfiehlst, nach Symphonie zu streben (V. 5) und nicht einander sich zu entziehen, und du hast mit dem 1. Korintherbrief 13. Kapitel das gewaltige Gedicht von der Liebe (... mit Menschen- und mit Engelszungen ...) eingegeben bekommen. – Warum du so abwertend von der irdischen Liebe denkst? Wer weiß, was du erlebt hast, warst ja auch ein gehetzter Mensch, ein Missions-Workaholic; dachtest, gleich ginge die Welt unter.

Für Martin Luther ist die Ehe ein emanzipatorischer Akt, er beweist sich und anderen den Bruch mit dem Papsttum; verneint einen Sonderweg für Kleriker, bestreitet ihnen, auf eine weihevollere Ehe mit Kirche und Maria versiegelt zu sein. Auch Luther sieht die Ehe nicht als Projekt der Liebe, sondern als Status des freien Christenmenschen und als Projekt für anständigen Nachwuchs: »Gott ehrt den Ehestand, damit, dass er ihn durch sein Gebot bestätigt und bewahrt ... Denn es liegt ihm alle Macht daran, dass man Leute heranziehe, die der Welt dienen.«

Die Wahrheit ist: Die Ehe muss der Liebe dienen. Gott implantiert in uns ein Stück seines Wesens. Sein Wesen ist Liebe, Zuneigung, Empfindung für das andere, Wille zur Gemeinschaft. Mit dem anderen, der anders ist, aber ähnlich, *communio* herstellen, das ist Gottes Anliegen. Und so schafft Gott einen Kosmos, der auch wieder so gebaut ist, nämlich polar, in Gegensätzen, die zueinander gehören. Mann und Frau sind eines dieser Gegensatzpaare, in denen Gott sein In-anderen-sich-Wiederfinden nachbaut, nachstellt, nachfühlt. Gott setzt dem Menschen diese kleine Flamme seiner eigenen Liebeskraft ein: seine Polarität.

Und so muss der Mensch auch wieder zum anderen hin, muss im anderen sich finden, mit dem anderen gemeinsame Sache machen, sich sättigen daran, dass er ihm seinen Hunger stillt, muss sich an seiner Freude entzünden, an seiner Wärme sich erwärmen. Und wenn einer die Kälte des anderen auftaut, dann macht ihn dies Auftauen zum Frühling. So sehnt sich jeder Mensch nach einem Du als Hilfe. Und sucht den einen/die eine. Da ist die Angst, den geliebten Menschen nicht zu finden oder ihn zu verpassen, ihn zu verschrecken, ihn zu enttäuschen, ihn nicht halten zu können; da ist die Angst, ihn zu verlieren. – Es ist die Angst vor dem Vergleich, das Zittern, verlassen zu werden oder dass die Liebe überhaupt erkaltet, die Angst vor dem Tod der Liebe.

Die Ehe nun ist dazu da, die Liebe, eine Liebe, die wichtigste Liebe zu schützen. Jesus sagt, was Gott zusammengefügt hat, das soll der Mensch nicht scheiden. Wenn zwei von der Liebe zusammengefügt sind, wissen sie, dass Gott sie füreinander meint; die Liebe ist ja Gottes Atem, Gottes Treibkraft, zuständig zu werden füreinander.

Ehe soll die liebste, die längste Liebe schützen, indem sie die beiden kennzeichnet: Dieser Mensch, zu ihm will ich mich bekennen, seine Einmischung erbitten, von ihm begleitet und behaftet sein – gemeinsames Schicksal, gemeinsames Konto, Erbschaftsregelung eingeschlossen.

Sicher war früher die Fortexistenz der Sippe das Wichtigste, darum waren Kinder und Mehrung des Besitzes nötig, darum Ehe selbstverständlich für freie Bürger. Heute bezieht der Einzelne sein Personsein nicht mehr davon, dass er Glied einer Kette ist. Jeder Mensch ist wunderbar, hochwichtig. Nicht erst die Zugehörigkeit zu Ehe, Familie, Sippe oder Staat machen zum Menschen. Das haben wir begriffen.

Bald zweitausend Jahre brauchte dieses jesuanische Wissen, dass es Wurzelgrund einer Ethik der Achtung werde.

Was das Rechtsinstitut Ehe im Gesamtpaket beschafft, kann heute auch ohne Standesamt einzeln vor dem Notar geregelt werden. Und doch – jede Liebe will dauern und gewinnt durch Dauer. Sie gewinnt durch Wiederholung, durch Riten Institutionelles. Es ist doch nicht so, dass wir uns jeden Tag von Grund auf neu entscheiden zu einer Liebe. Wenn sie die große Liebe ist, hält die Liebe, bis dass der Tod sie scheidet. Wenn sie die große Liebe ist, ist sie von Gott verfügt. Wenn sie verfügt ist, merken es beide. Wenn es nur einer merkt, ist es nicht Gottes Wille, sondern Illusion und Traurigkeit. Ist es aber die große Liebe beider, ist es Tragik, wenn sie nicht gelebt werden kann.

Auch eine bestehende Ehe kann zerbrechen um der großen Liebe willen. Es ist ja eben nicht so, dass durch eine rechtliche Eheschließung oder durch eine kirchliche Trauung oder gar beides zusammen garantiert würde, dass Gott sie zusammengefügt habe. Die Trauung ist Hoffnung, aber keine Bescheinigung des Willens Gottes. Die Paare kommen zum Pastor/zur Pastorin und sagen, sie wollen heiraten, wollen den Segen, wollen mit Kirche heiraten, hoffend, dass Gott sie füreinander meint. Sie haben ein Recht auf die Trauung, wenn das Standesamtliche geregelt ist. Aber ob es die durchtragende Liebe ist, das wird sich erweisen. Und nur, wenn es die große, die lang währende Liebe wird, die »alles erträgt, alles glaubt, alles hofft, alles duldet dem Nächsten zugut« (1 Kor 13, 7), hat Gott sie füreinander für so lange gemeint. Jedenfalls hat sie Gott nicht für die Qual gemeint. Und darum ist es gut, dass Scheidung möglich ist.

Oft bleibt ja Zuneigung; und Befreundung kann wieder wachsen, wenn man sich, fürsorglich ausgerüstet, in die eigene Biographie entlässt. Wenn sie sich nicht mehr verstehen, befruchten, befeuern, nicht mehr einander die Schwächen tragen helfen, sondern einander ihre Fehler verdoppeln; wenn sie hässlich werden und voneinander gelangweilt – dann hatte die Liebe ihre Zeit. Die beiden sollen eine Durststrecke aushalten, das sind sie ihrer Geschichte schuldig und der Liebe, die ein großer Brunnen war – ist – war, das wird sich zeigen. Aber wenn der Vorrat von lebendigem Wasser erschöpft ist, wenn nichts mehr den andern schön macht – dann, wenn die Ehe der Liebe nicht mehr dient, nicht mehr die Liebe behaust, diese aufgezehrt ist und die Ehe nur noch kaltes Gehäuse wird, Gefängnis wird, wo (nach Martin Walser) die beiden wie Chirurgen aneinander herumschneiden und immer besser wissen, was weh tut – dann müssen sie voneinander lassen, bei aller auch weiterhin gebetenen Fürsorge.

Die Ehe kann der Liebe helfen, aber die Ehe kann die Liebe nicht garantieren, wie ja der Eid auch nicht die Wahrheit garantieren kann und Jesus typischerweise den Eid verbietet.

Ehe ist die besondere Kennzeichnung einer Liebe, die eine umfassende Lebensgemeinschaft gestaltet. Und sind Kinder gewährt, dann trägt man erst recht mit das Gewicht der Welt – wer da Ehe zerbricht, macht die Liebe nicht groß. Die Liebe macht die Ehe groß, soll sie groß machen. Das Bild von dem Paar, das alt geworden auf der Bank sitzt und alle Stürme miteinander bestanden hat, ist wohl das Urbild von Glück in unserer Seele.

Aber auch das Paar, das sich gefunden hat, nachdem beide ihren Lebensweg fast schon hinter sich gebracht haben und die jetzt ohne soziale Verpflichtung in reiner gegenwärtiger Liebe im Altenheim gut sind füreinander – auch dieses Paar bietet ein starkes Bild.

Alle von der Liebe zueinander Verfügten soll der Mensch nicht scheiden. Es ist großer Schmerz dabei, wenn der weite Horizont »bis dass der Tod uns scheidet« einstürzt. Es ist Wehmut und Schuld und Wut dabei, aber keiner will nur Treue, jeder will ja Liebe. Und die ist Wunder, ist nicht zu versprechen. Darum sagen sie bei der Trauung auch: »Ich will dich lieben und ehren«, nicht: »Ich werde ...« Was wir tun werden morgen, wissen wir erst im Laufe des morgigen Tages. Es kann sein, dass man auch seinen Ehegefährten lassen muss, wenn einer meint, dass seine große Liebe woanders blühe.

Manche Brautpaare fragen, ob man »bis dass der Tod euch scheidet« durch eine flexiblere Formel ersetzen könne, weil ja die Dauer unabsehbar ist. Aber gerade dieser weite Horizont der Ehe schützt die Liebe – soweit wünschen wir uns einander; bis zum Horizont Tod wollen wir uns begleiten. Und wir brauchen Zeit, um liebende Menschen zu werden, bis ans Grab, wenn nicht darüber hinaus. Ob es gewährt sein wird – man muss es leben, um es zu sehen.

Die Liebe, die nicht aufhört (1 Kor 13, 13), ist Gottes Zusammenseinfreude, seine Zusammenhaltelust; ja, die Liebe, die nicht aufhört, ist Gott selbst. Unser Lieben ist begrenzt, ist endlich; schon wenn wir eingeschlafen sind, träumen wir abenteuerlich.

Unser Lieben hat viele Gestalten, hat Phasen und Farben, hat Höhen und Tiefen, hat Sehnsucht nach dem/der Einzigen und auch nach dem/der Unbekannten – Homer erzählt von Odysseus, als er nach langer Irrfahrt zurückgekehrt war zu seiner ersehnten, treuen Ehefrau Penelope: In der Fremde hatte er Heimweh nach zu Hause, und hier hat er auch »Heimweh nach der Heimatlosigkeit«.

In keiner Verbindung werden wir rund und ganz, immer ist das Ganze mehr als die Teile unseres Liebens. Unsere Bruchstücke Liebe aber sind Gestalt von Segen.

Auch homosexuelle Liebe ist Gabe Gottes und muss endlich von Argwohn und Verachtung freigehalten werden. Nicht jeder ist von eindeutigem Geschlecht. Wir sollten aufhören, Angst zu haben vor Andersartigem. Die Meinung, nur Heterosexualität wäre gottgewollt, stammt aus der Zeit, da Fortpflanzung als Sinn der Sexualität galt, da schwächten gleichgeschlechtlich Liebende nur das Vaterland. Wir leben aber in anderen Zeiten und sind im christlichen Glauben auch freigesprochen zu unserm eigenen Gewissen in sexuellen Angelegenheiten. Auch geht die sexuelle Orientierung des Nächsten mich gar nichts an, es sei denn, wir gehen uns sehr an. Geschlechtsleben unter Erwachsenen hat jedem öffentlichen Interesse entzogen zu sein. Wer dies Privateste zweier Menschen auf den Markt zerrt, der begeht ein Sakrileg, »der schmeißt Perlen vor die Säue« (Mt 7, 6). Das gilt für Vorgesetzte und Kollegen, Nachbarn, Freunde und Freundinnen, auch für Zeitungen und Lesende. Es gilt zu bedenken: »Die größten Schwierigkeiten hat man nicht mit den Menschen, denen man Unrecht tut, sondern mit den Zeugen der Angelegenheit, die sich freiwillig zum Richter aufwerfen« (Honoré de Balzac). Aber auch Dank an alle, die Diskretion walten lassen.

Früher war Sexualität fürs Kinderkriegen da, die Freude gab's hinzu als Spesen für die Mühe der Aufzucht. Durch zuverlässige Empfängnisverhütung ist uns ein anderer Umgang mit der irdischen Liebe eingeräumt und geboten. Das schöne Zusammenschwingen von Körper und Seele ist uns von Gott geschenkt zum Feiern der Liebe, zum Fühlen der Güte des Lebens. Wer abwertend von »Trieb« redet, lästert den Schöpfer. Das Zärtlichsein, das die Liebenden erfreut, ist gute Gabe des Lebens. Gut, wenn zwei sich Zugetane die »Komplizenschaft im Verlangen« (Albert Camus) dankbar annehmen als eine ihnen zugestandene und auch zugemutete Gestalt der Liebe. Eine Freundschaft hat ihr Recht und ihr Glück in sich, wenn sie Dritten nichts wegnimmt, nicht sich aneinander versklavt, sich stärkt für Alltag und Nötiges.

Zwei bilden ein Paar in den Bedingungen und Grenzen; sie empfinden miteinander Frieden und Dank. Sichern wir unser Selbstbestimmungsrecht, indem wir das der anderen verteidigen. Haben wir doch Mut, zueinander zu finden und die Welt stehen zu lassen. Wer liebt und geliebt wird, der liebt auch Gott und die Welt, liebt und ehrt einfach alles wieder mehr, findet auch das Eigene erneuert und farbenreich und geht gestärkt wieder an sein normales Gutes.

Die Liebe, die bleibt, ist Gott selbst. Unser Lieben sind Fasern, Verkörperungen Gottes in der Zeit, gegossen in Leib und Willen und Vorstellung von uns Menschen, mit kurzen und langen Phasen. Segen sucht Gestalt, wie kurz oder lange unser Zugehören auch währt. Es gibt die Liebe eines Augenblickes, es gibt die Liebe einer Nacht, die sein musste wegen dieses in dieser heiligen Stunde ins Existieren gerufenen Kindleins; es gibt Drei-Tage-Lieben, die nach langer Verschlossenheit jetzt die Welt umrunden, es gibt Drei-Jahres-Lieben, die beide hinreichend verwandelt haben, sodass sie voneinander lassen können; es gibt lange eigentümliche Parallelgeschichten, und Lieben, die erst nach langen Ehen und Scheidungen jetzt gelebt werden können. Es gibt Ehen ohne Liebe, viel zu viele; und Lieben ohne Ehe, zum Glück auch viele, es gibt die Liebe neben der Liebe. Und es gibt gelingende Ehen, das Bündnis, mit diesem Menschen für immer alles, fast alles, zu teilen. Und es werden auch diamantene Hochzeiten gefeiert mit den frischen Generationen; und wenn einer am Krankenbett des andern sitzt, Hand in Hand, und einer betet still, der andere möge doch noch bleiben dürfen; und der andere betet still, Gott möge dem Zurückbleibenden beistehen, dann lieben sie sich inniger denn je.

Also schütze Ehen, deine, andere, überhaupt, und lebe dein Lieben, such dein Dich-Verflechten, wie es dir selber gefällt.

Und Gott schützt die Liebenden. In je ihrer Form liebevollen Beieinanders gehe ihnen auf, wie ihr Gemeinsames – auch auf kleiner Flamme – etwas hat von der Energie, die die Gestirne bewegt. Da wir stets uns selbst zum Trotz geliebt werden wollen, das aber nur Gott in Gänze geben kann, erleben wir liebend, geliebt, ja Atemzüge (Inspiration = Beatmung) von seinem Wesen. Und können in Hochzeiten sagen: »Ja, lege mich wie ein Siegel auf dein Herz, wie ein Siegel auf deinen Arm. Denn Liebe ist stark wie der Tod und Leidenschaft unwiderstehlich wie das Totenreich. Ihre Glut ist feurig und ist eine Flamme des Herrn« (Hld 8, 6).

Du sollst nicht falsch Zeugnis
reden wider deinen Nächsten
Das achte Gebot

»Du sollst nicht falsch Zeugnis reden wider deinen Nächsten«
(2 Mose 20, 16). – »Du sollst kein falsches Gerücht verbreiten; du
sollst nicht einem Schuldigen Beistand leisten, indem du ihm
falscher Zeuge bist« (2 Mose 23, 1). – »Du sollst nicht als Verleum-
der umhergehen; du sollst nicht auftreten gegen deines Nächsten
Leben« (3 Mose 19, 16). – »Halte dich ferne von einer Sache, bei der
Lüge im Spiel ist; du sollst dich nicht bestechen lassen, denn
Geschenke machen blind und verdrehen die Sache derer, die im
Recht sind, ins Unrecht« (1 Mose 23, 7 f.). – »Das ist's aber, was ihr
tun sollt: Rede einer mit dem andern Wahrheit und richtet recht,
schafft Frieden in euren Toren, und keiner sinne Arges in seinem
Herzen gegen seinen Nächsten, und liebt nicht falsche Eide; denn
das alles hasse ich, spricht der Herr« (Sach 8, 16 f.). – »Leite mich in
deiner Wahrheit« (Psalm 25, 5). – »Sende dein Licht und deine
Wahrheit« (Psalm 43, 3). – »Seine Wahrheit währet für und für«
(Psalm 100, 5). – »Wenn ihr bleiben werdet in meinem Wort, so seid
ihr wahrhaft meine Jünger, und ihr werdet die Wahrheit erkennen,
und die Wahrheit wird euch freimachen« (Joh 8, 31 f.). – »Der Geist
der Wahrheit wird euch in alle Wahrheit leiten« (Joh 16, 13). – »Die
Liebe freut sich nicht über die Ungerechtigkeit, sie freut sich an der
Wahrheit« (1 Kor 13, 6). – Martin Luther: Wir sollen Gott lieben,
daß wir nicht lügen, betrügen, afterreden oder bösen Leumund
machen, sondern den Nächsten entschuldigen, Gutes von ihm reden
und alles zum Besten kehren.

Falsch Zeugnis reden wider den Nächsten – der Ort dafür ist das
Gericht; als falscher Zeuge auftreten und mit einer Lüge den Täter
freireden, das Opfer um sein Recht bringen ist sträflich, ist Ab-

schneiden der Ehre. Neben dem Schutz des Lebens, der Ehe, des Besitzes ist jedem aufgegeben, die Ehre des Nächsten zu schützen. Wie einer in der Öffentlichkeit dasteht, das ist weitgehend Sache seines Rufes. Der Ruf aber ergeht einem, ist Meinung der anderen – sicher mit Anhalt an der Person, aber wie wir den andern scheinen, das ist ihre Meinung, das ist ihr Bild, das ist unser Ruf.

Die Zeitungs- und Fernsehmeldungen haben, schon weil Bilder verlangt werden, einigen Anhalt an der Wirklichkeit. Doch per Computer kann jede Information als wirklich ausgerufen werden, per Internet produziert ein Gerücht selbst tragende Realität, jede Information kann wie ein Virus sich ausbreiten. In der Natur sind Viren genetische Codes, verpackt in eine Proteinhülle. Sie dringen in den Körper ein und bringen die angrenzenden Zellen dazu, deren Code zu reproduzieren. Ist ein Virus erfolgreich, wird die menschliche Zelle zur tödlichen Virusfabrik. – Ein Medienvirus ist eine Information, die, attraktiv verpackt, Medienkonsumenten mit schwachem Abwehrverhalten zu begeisterten Vervielfältigern dieser Information machen, die dann, angereichert und ausgeschmückt, ein selbst tragendes Medienereignis wird, wobei die Ursprungsmeldung oft nicht mehr erkennbar ist (»Die Zeit« Nr. 40/97).

Wir sollen kein falsches Zeugnis von der Wirklichkeit geben, weder in aufgebauschten Geschichten aus der Nachbarschaft noch in ehrabschneidenden Andeutungen über Kollegen; weder als Anschwärzen eines Geschwisters bei den Eltern noch als selbst ernannter Richter mit Anzeigen meines Feindes wegen Steuersünden; auch nicht mit Jubelarien auf Politiker; auch nicht mit »Falschmeldungen aus dem Himmel« (Max Frisch) und auch nicht als dummes Zeug in Form von dubiosen Wissenschaftsartikeln.

Aber die Meinungsfreiheit, Religionsfreiheit und die Freiheit der Kunst sind kostbar – das Gebot, nicht falsch Zeugnis zu reden, muss ergänzt werden: Sei wachsam, kritisch, sei nicht dösig, sei nicht gierig, belogen zu werden. Du selber bist mitverantwortlich, dass man dir und anderen nichts vorgaukelt. Du sollst die Lügner nicht mästen, die Rattenfänger sollst du entlarven helfen. Vor allem in der

Religion, in der Politik und bei Lebensmitteln haben wir ein Recht auf Erkenntnis, was dran und drin ist.

Du sollst nicht falsch Zeugnis reden heißt auch: Du sollst dir kein falsches Bild von andern machen. Wenn wir uns von Gott kein Bild machen sollen, wir Menschen sind aber ihm ähnlich, dann ist es sicher nah an der Wahrheit, dass wir auch vom Nächsten uns kein Bild machen sollen. Immer neu und staunend sollen wir ihm begegnen. Aber doch wenigstens zu Nächsten brauchen wir Vertrautheit.

Bei Begegnung mit Fremden beleihen wir immer Bilder der Erfahrung, wissen »auf den ersten Blick«, ob er uns sympathisch ist oder wir ihn lieber meiden sollen – der Körper weiß es vor unserm Bewusstsein. Diese Kunst hat die Menschheit überleben lassen – gespeichert sind eigene Erfahrungen, aber erst recht die der Vorfahren – dauernd greift ein inneres Sensorium die Raster ab und gibt Signal: Geh näher ran, der/die hat was Gutes für dich; oder halte Abstand. Alle, die wir lieben, versammeln die Vorgeliebten; sie schwingen mit und unterfüttern die aktuelle Liebe mit Purpur des vormals Geglückten. Und was uns abstößt, hat schon eine lange Geschichte – schon beim Suchen von Namen für die Kinder kommen viele nicht in Frage, weil sie für uns besetzt sind von Menschen, die uns störten.

Gerecht ist dies Auswählen nach Sympathie nicht. Das rührt an einen schmerzlichen Bruch in der Menschheit. Wir sind so abhängig von Lust und Nase. Der große Regisseur Visconti sagte, man sähe sich Filme nicht mit den Augen an, sondern mit dem Bauch. Der erste Blick der Männer auf Frauen gilt ihren Augen, der erste Blick der Frauen auf Männer soll deren Zähnen gelten – wer weiß warum. Umso wichtiger ist, dass wir einen zweiten Blick wagen, neue Erfahrung zulassen, uns neue Bilder wünschen. Und wo es um Glück oder Unglück des Nächsten geht, wo es um seine Würde geht, eben auch vor Gericht, dass wir uns da um Wahrheit mühen.

Wahrheit setzt sich zusammen aus Fakten und Bedeutung, eine Sache ist das Objekt, das Spuren hinterlässt, eine andere sind Meinungen, Deutungen, Einschätzungen. Das eine sind die Tatsachen, messbare, zählbare; das andere sind Interessen, Gefühle, Wertschätzungen, Ängste. Eins ist der Geldschein, ein anderes, was ich damit mache. Die Sachen sind Auslöser von Bedeutung. Was aber bedeutet wem was und warum, das gehört zum Bereich, wo was als wahr gilt. Und wer sagt was, darf was sagen? »Nicht die Tatsachen sind wichtig, sondern was über die Tatsachen gesagt wird« (Aristoteles). Darum sind wichtig und gefährdet die Meinungsmacher, die der Vergebung wohl bedürftigste Zunft.

»Sag's ehrlich, lüg nicht rum.« Wir haben die Forderung noch im Ohr, sie war, sie ist demütigend, lässt keinen Ausweg, man steht nackt da, überführt, die Beweise liegen offen.

Aber wer hat ein Recht auf mein Ehrlichsein? Bill Clinton ist von einer Frau wegen sexueller Belästigung vor Gericht gebracht worden. Und abgesehen davon, dass ein Beschuldigter nicht gegen sich aussagen muss, lautete die erste Frage des Staatsanwaltes, ob er je mit einer anderen Frau außer seiner Ehefrau geschlafen habe. Ich hoffe, Bill Clinton oder seine Verteidiger haben dem Gericht die Unzulässigkeit dieser Frage klarmachen können. Denn wer, außer höchstens der Gatte, die Gattin hat ein Recht, zu wissen, mit wem (noch) der/die Angetraute innige Nähe pflegt. Einer Anzeige wegen Gewaltanwendung muss sich jeder stellen, aber die Frage, ob Clinton außerehelich geliebt hat, erbringt nichts zum Thema Gewalt, soll aber das Publikum schon gegen ihn einnehmen. Wer hat ein Recht auf meine/deine Ehrlichkeit?

Der Lehrer fragt den Jungen höhnisch: »Na, hat dein Vater heute Nacht wieder betrunken im Straßengraben gelegen?« Der Junge verneint: »Mein Vater war zu Hause und ist heute Morgen zur Arbeit gegangen wie sonst auch.« – Der Junge hat die Wahrheit gesagt, er hat der Liebe zwischen Vater und Sohn die Ehre gegeben. Der Lehrer hat die Wahrheit beschädigt, weil er den Jungen nötigte, seinen Vater dem Spott auszusetzen (das Beispiel stammt von Dietrich Bonhoeffer).

Anrührend ist auch Jurek Beckers Geschichte »Jakob der Lügner« – der gibt an seine verzagten jüdischen Mitgefangenen im Warschauer Ghetto Durchhaltekraft aus; denn völlig geheim könne er Radiosendungen abhören. Die lassen die Alliierten täglich näher rücken, und die Befreiung stehe unmittelbar bevor. Mit dem erlogenen Radio hat Jakob viele aufgerichtet.

»Was ist Wahrheit?«, fragt Pilatus den Jesus – es gibt doch nur Meinungen, schwache und bewaffnete. Ein freundliches Wort und ein Gewehr überzeugen mehr als nur ein freundliches Wort, so Pilatus. Aber Jesus schweigt, das Machtwort knackt ihn nicht. Die Substanz, die Seele von allem, die Wahrheit ist Gottes Lieben. Lieben ist die Essenz von allem, bildet das Wesentliche von mir und dir, baut das Beziehungsgeflecht. Darauf spricht Jesus den Pilatus an; der trumpft auf: »Weißt du nicht, dass ich Macht habe, dich loszugeben oder dich zu kreuzigen?« Und Jesus: »Du hättest keine Macht, wenn sie dir nicht von oben her gegeben ist« – also wende deine Macht an, wie du es dich »oben« zu verantworten getraust (Joh 18, 38 f.).

Jesus verspricht, in die Wahrheit zu leiten, und sie werde uns frei machen (Joh 8, 32). Das ist ein Nachhauskommwort, ein Netz des Zusammenhaltes spannt sich auf, darin sind wir getragen über Wassern der Angst. Statt verworfen zu werden und nicht zu taugen, gehören du/ich zu einer Wirklichkeit, die dein/mein Bleiben für wichtig hält. Dies sei dein/mein wichtigstes Wissen: Du bist Angesprochener, du bist auf Wechselseitigkeit mit Gott geeicht, du bist Jesu Bruder, Schwester, auch Geschwister des Petrus, der dreimal verleugnete, und Jesu Blick fängt ihn auf: Ich weiß, du konntest nicht anders. Du willst mich retten und willst dich retten – dich Sünder liebe ich Jesus/Christus/Gott.

Wenn das die Wahrheit ist, in die wir geleitet werden, dann haben wir den Punkt für den Zirkelfuß der Wahrheit. Du hast Stand in der Gewissheit: Gott liebt dich und deinen Nächsten auch. Das schlage um dich/euch einen Raum der Wahrheit. Wir sind einander anvertraut und zugemutet, sind einander gegeben, um zu lieben und einer dem andern die Last mitzutragen (Gal 5, 2) und unterwegs einander sieben mal siebzig Mal zu vergeben (Mt 18, 22). Und dann gehört zur Wahrheit auch das Ungesagte.

Wie weit reicht der Schirm der Wahrheit? Über die Ehe hin und die Freundschaft? Liebe kann Verschwiegenheit brauchen und Freunde, die Gerüchten entgegentreten. Wer an einem Gerücht Anteil hat, weiß ja etwas, das andere (noch) nicht wissen. Er wird Vertrauensperson und entscheidet selbst darüber, wen er wiederum ins Vertrauen ziehen will. Er hat damit Macht, Anteil zu geben. Diese Macht nicht zu nutzen, ist hoher Verzicht; manche bringen die Größe auf und schützen mit Stillschweigen ein Geheimnis, das, gehütet, Frieden stiftet, das aber, vor alle Augen gezerrt, Skandal wird.

Freundschaft bewährt sich gerade darin, dass man die Macht des Mitwissens nicht missbraucht, sondern die Schwäche, das Geheimnis in seiner Brust verschließt. »Gutes von ihm reden und alles zum Besten kehren« – das ist wunderbarer Freundschaftsdienst, zur Not mit einer »Notlüge«, damit Unberufene nicht ihre Nase weiter reinstecken, sondern sich trollen. »Liebe deckt der Sünden Menge« (Spr 10, 12), auch unter Freunden und Freundinnen.

Der Schirm der Wahrheit möge auch unsere Arbeitsverhältnisse schützen. Vertrauen wir einander, setzen voraus, dass jede und jeder es gut machen will. Hier betrügt keiner – das soll die Basis sein, bis das Gegenteil schreiend vor Augen liegt. Schon wenn der Arbeitgebende fragt, ob die Frau schwanger sei, ist er nicht unter dem Schirm der Liebe: die Frau darf lügen, weil die Frage eine verbotene Geschlechterdiskriminierung darstellt (Landesarbeitsgericht Rheinland-Pfalz, AZ 2 Sa 103/97). Die Kehrseite könnte sein, dass jemand generell nur Ältere einstellt, weil diese überraschungsfrei ihre Arbeit tun. So kann, was zum Schutz gedacht ist – das Verbot der Frage nach Schwangerschaft –, ausschlagen in Diskriminierung aller jungen Frauen.

»Du sollst nicht falsch Zeugnis reden« ist positiv gewendet der Lockruf: »Vertraue und sei vertrauenswürdig.« Wenn wir misstrauen, reden wir schon nicht mehr miteinander, sondern duellieren uns, hören nicht, sondern verhören, sprechen nicht, sondern lauern auf Versprecher. Dann, wenn wir uns nur weh tun mit Wahrheit, dann lasst uns lieber wieder lügen (Martin Walser). Wahrheit als Waffe zum Fertigmachen ist schlecht. Aber sie kann wenigstens mit dem Rücken an die Wand bringen, und endlich weiden wir ehrlich.

Unter dem Schirm der Liebe halte (nach Max Frisch) die Wahrheit hin wie einen Mantel, um hineinzuschlüpfen, und benutze sie nicht wie einen nassen Lappen, den man sich um die Ohren schlägt. Das Zusammengehören als die Wahrheit glauben wäre die Rettung. Wir könnten uns mehr anvertrauen, dürften mehr wir selbst sein, würden uns weniger verstellen. Doch wir sagen nicht oft, was wir meinen, sondern sagen, was wir von uns gedacht haben wollen (Max Frisch). Gerade der Nächste soll nicht wissen, wie bedürftig man auch ist; Liebe will schonen; gerade der Liebste soll gut von einem denken, man will ihn schonen und sich auch, will allein damit klarkommen, redet nicht über die Schulden, die Krankheit; oder die verschwiegene Freundschaft hält man verborgen, weil man dem andern nicht klarmachen kann, was sie einem selbst bedeutet – und dass sie nicht aus Unzufriedenheit zustande kam, sondern Schicksal ist. Unter dem Schirm der Liebe kann auch die Lüge in der Wahrheit sein.

Dietrich Bonhoeffer im Gefängnis: »Wer bin ich? Sie sagen mir oft, ich träte aus meiner Zelle gelassen und heiter und fest wie ein Gutsherr aus seinem Schloss ... Bin ich das wirklich, was andere von mir sagen? Oder bin ich nur das, was ich selbst von mir weiß? Unruhig, sehnsüchtig, krank, wie ein Vogel im Käfig ... Wer ich auch bin, du kennst mich, dein bin ich, o Gott.«

Dies meine Wahrheit sein lassen: Gott weiß. Und wir sind da, um uns das Leben zu erleuchten, nicht zu verdunkeln. Ob wir uns auf Menschen eingelassen haben, das werden wir gefragt, und wie viel Freude wir bringen mit dem, was wir verbrauchen, das bestimmt die Voltzahl unserer Person als Leuchtkörper der Gottesliebe.

»Die Wahrheit wird euch frei machen« (Joh 8, 32) – dies Versprechen Jesu braucht unsererseits Vertrauen in Gott. Das macht zum freien Menschen; macht auch frei, zu sehen und zu hören, was wirklich ist – nicht was sein sollte. Das lässt mich sagen, was ich denke – nicht was ich denken sollte; fühlen, was ich wirklich fühle – nicht was ich fühlen sollte; fordern, was ich möchte – nicht immer erst auf Erlaubnis warten. Und ich lerne, das Risiko einzugehen, zu enttäuschen und enttäuscht zu werden und dann auf einer neuen Ebene der Erkenntnis mich wiederzufinden.

Du bist frei zu sagen, was für dich wahr und falsch ist. Du darfst echt werden, ehrlich werden, den aufrechten Gang lernen, zu dem stehen, der/die du bist. Du darfst authentisch sein – aber selektiv, mit Rücksicht auf das Geflecht vermeide möglichst die furchtbaren Anfälle von Aufrichtigkeit. Du darfst Wut haben, auch niedermachende Gefühle, aber du bist für die Folgen mitverantwortlich. Und alles hat seine Zeit (Prediger 3).

Wir sollten sparsam sein mit Täuschen. Jeder und jede ist freigesprochen, selbst zu entscheiden, was er/sie meint, verschweigen zu müssen. Was dir schwerwiegend genug ist, um ein Geheimnis zu sein, musst du allein tragen. Aber es ist ein großes Glück, angenommen zu sein annähernd als der, der man ist.

Der Schirm der Liebe hilft auch am Krankenbett in die Wahrheit. Der Kranke hat das Recht zu bestimmen, was er wissen will und wann. Du hast nur das Recht, dem Kranken nah zu sein, wenn er es will. Nähe ist dann die Wahrheit.

Wir sind verschieden. Der eine muss immer wissen, wo er dran ist, der andere nimmt es, wie es kommt; der kann auch seinem Vertrauten einfach den Durchblick seiner Krankengeschichte überlassen, will gar nicht vom bevorstehenden Sterben reden, will nur die Hand halten und hören: »Es wird gut, es wird schön, wir haben noch viel vor.« Und wenn man von der nächsten gemeinsamen Reise erzählt oder vom gemeinsamen Geschäft, das gut läuft, weil der Kranke alles so gut eingefädelt hat, oder wenn man von den Enkeln redet oder vom Hund zu Hause, dann ist die tieferliegende Botschaft auch da, die heißt: »Du bist geliebt, du wirst gebraucht.« Und das ist die Wahrheit, die den Himmel mitmeint, auch wenn er mit Tapeten des Alltags bebildert ist. Oder nimm Musik mit ans Bett des Sterbenden – das Ohr stirbt als Letztes – vielleicht Mozarts

A-Dur-Klarinettenkonzert, soviel Sehnsucht spielt da auf. Vielleicht kommen auch die Filmbilder dazu: das Liebespaar in »Jenseits von Afrika« – im klapprigen Flieger über der Serengeti – und man fliegt dahin, wo die Freiheit grenzenlos sein muss, und Gott küsst einem die Seele fort.

Ein Mensch kann wissen, dass seine Uhr hier abgelaufen ist, aber er wird von den Angehörigen festgehalten; und so muss er bleiben über die Zeit, weil er meint, sie nicht alleinlassen zu dürfen. Das kann er aber nicht sagen, um nicht dem geliebten Menschen Egoismus vorzuwerfen; das könnte auch höchst ungerecht sein, weil der Nächste ja zeigen muss und will, wie schön es wäre, noch uralt zusammen werden zu dürfen. Und so ist irdisches Lieben oft auch eine seltsame Schleife – beide nehmen sich zusammen über ihre Kraft, weil keiner den andern einsam lassen will – und sind beide in der Wahrheit auf ihre Art.

Unter dem Schirm der Liebe gilt auch: »Du sollst nicht schwören« (Mt 5, 34). Du sollst nicht Gott zu Hilfe holen, um glaubwürdiger zu scheinen. Ja, der Staat möchte sich gern in der Flut der lügenhaften Wirklichkeit eine Insel von Wahrheit sichern und degradiert gerade durch diese Umzirkelung alles außerhalb als Lügenwerk.

Und du sollst auch nicht den Schwur verlangen. Staat und Kirche holen sich Gott zum Wachdienst, bedrohen mit Gottes Zorn. Den Eid verlangen oder das Gelöbnis soll Gefolgschaft sichern. Wer den Eid verlangt, will nicht vertrauen, sondern will festnageln können. Gut, dass wir in der Trauung keinen Eheeid ablegen. Wir dürfen frei sagen, was wir wirklich, von Herzen wollen, aber wir sind nicht die Herren über den morgigen Tag, wissen noch nicht, wer wir morgen Abend sein werden.

Damit ist auch Gott als Treiber des Werdens ernst genommen. Der ist die ganze Wahrheit, wir aber haben und sind nur Bruchstücke. Darum müssen wir unser Vertrauenswissen und unser Sachenwissen zusammentun. Wir müssen kooperieren, müssen das eben jetzt Gewusste, Gefühlte, Geglaubte zusammenwerfen, müssen es zusammensetzen zum für eben jetzt annähernd gültigen Bild der Wahrheit. Dies Bild hat viel mit einer Landkarte gemeinsam. Erstens sind ständig neue Auflagen nötig, weil ständig sich in der Wirklichkeit etwas ändert und weil die Darstellung immer zu wünschen übrig lässt. Vor allem: Die Landkarte ist nicht das Gelände. Und auch was »Ich« ist, ist mir nur ein Anhalt und dem Nächsten doch wohl auch. Wir müssen leben mit vorläufigem Wissen, das falsifizierbar ist; das also an Bedingungen geknüpft ist, die sich ändern werden, und dann ist auch dieses Wissen überholt.

Stendhal sagte: »Was ist das Ich? Ich weiß es nicht. Ich bin eines Tages auf dieser Erde erwacht, ich finde mich an meinen Körper gefesselt, an einen Charakter, an ein Geschick. Soll ich mir vergeblich die Zeit damit vertreiben, sie ändern zu wollen, und dabei vergessen zu leben? Blödsinn. Ich unterwerfe mich ihren Fehlern.« Und ich sage hinzu: »Gott weiß, das genügt.«

Stehle nicht, giere nicht, raube nicht – nutze deine Talente
Das siebte, neunte und zehnte Gebot

»Du sollst nicht stehlen« (2 Mose 20, 15). – »Du sollst nicht begehren deines Nächsten Haus. Du sollst nicht begehren deines Nächsten Weib, Knecht, Magd, Vieh, noch alles, was sein ist« (2 Mose 20, 17).

Dazu Martin Luther in kurzen Worten: »Wir sollen Gott achten und lieben, daß wir unserm Nächsten sein Gut nicht nehmen sondern es ihm helfen bessern und behüten.«

»Stehle nicht« ist in der Bibel (2 Mose 20, 15) zunächst gegen Menschenraub gesagt. Im neunten und zehnten Gebot ist dann das Eigentum insgesamt unter Schutz gestellt. Das zehnte Gebot sollte so nicht mehr weitergesagt werden – in patriarchalischen Zeiten zählten Frau und Personal zum Eigentum des Mannes; auch schien es nur nötig, den Mann vor der Gier eines andern Mannes in Schutz zu nehmen. Für unsere Ohren ist das siebte Gebot umfassend: Stehle nicht. Dazu: Mach dich nützlich.

Aus Gebot neun und zehn sollte das »Begehre nicht« aufgenommen werden im Sinne: giere nicht, neide nicht, bringe nicht mit Betrug an dich. Gewarnt ist vor Stehlen mit noch mehr krimineller Energie. Dazu der Auftrag: Nutze deine Begabungen und fördere die deines Nächsten.

Du sollst nicht töten – es ist die schärfste Form, wegzunehmen; Aber auch einen Menschen aus seiner Ehe brechen und die Ehre (den guten Ruf) wegnehmen und Eigentum nehmen beschädigt die Person: Zu wem ich gehöre, was ich gelte, was ich habe – das gehört nah zu meinem Wesen. So bereiteten in Nazi-Deutschland auch das Ehrabschneiden, Berauben, die Ehe- bzw. Rasse-Ghettoisierung das kalte Ermorden der Menschen jüdischen Glaubens vor. Das Deutsche Reich entging immer wieder dem Staatsbankrott durch Aneignung jüdischen Vermögens.

Haben oder Sein lässt sich so klar nicht auseinanderhalten. Sachen sind nah beim Menschen. Gewalt gegen Sachen greift bald auch die Menschen an, die sie schützen – das Problem aller Demonstrationen, die gewaltfrei bleiben wollen.

Israel glaubte in kurzer, idealer Zeit, nur Gott kann sagen: »Mein ist das Land« (3 Mose 23, 25); uns Menschen ist es nur geliehen – zu gutem Nutzen; darum ja Erntedankfeste; dem Geber der Gaben sei Dank – ihm werden die Erstlinge der Ernte gewidmet. Im System der Erbpacht steckt noch das altisraelische Landrecht: Nach 49 Jahren fällt das Land wieder zurück an den Tempel, dann wird Grund und Boden erneut ausgeliehen. Aber die Ausleihe an Bedürftige ohne Ansehen der Person verlor sich.

Nomaden konnten mit Weiderechten – mal hier, mal da – auskommen, aber der Bauer muss wissen, dass er auch nächstes Jahr Anspruch auf das Land hat, wie sollte er sonst mit Lust den Acker bestellen zur neuen Ernte?

Wohl nie waren wir Menschen ohne Besitzdenken; aus dem Tierreich mitgegeben ist der Trieb, das eigene Revier zu sichern, Nahrung zu erbeuten und zu sammeln, dem Nachwuchs die Versorgung sicherzustellen; Nächste zu verteidigen. All das ist von früh an Teil des Überlebenswillens, der uns zu gedeihen hilft. Auch die Lust an Werkzeug, an Material zur eigenen Verfügung war früh schon bei uns; die Lust, sich zu schmücken; was Besonderes zu haben auch, umso als was/wer Besonderes zu gelten. Vielleicht fingen die Familienbande damit an, wichtig zu werden, dass die Männer ihre Lieblingswaffe weitergeben wollten ihrem Lieblingssohn, und darüber begannen sie zu fragen, wer denn überhaupt wahrer Sohn sei.

Auch zahlte es sich früh aus, geschickt das Eigentum zu mehren. Genüsslich erzählt die Bibel vom törichten Esau, der so gern jagte und sein Erstgeburtsrecht für ein dampfendes Linsengericht vergab (1 Mose 27) – Jakob dagegen wurde der Stammvater vieler, auch dadurch, dass er bei seinem Schwiegervater die Herden nach geschicktem Vertrag so raffiniert vermehrte, dass er zuletzt reicher war als eben Laban, dem er zwanzig Jahre diente.

Das alte Israel hatte nichts gegen Besitz; im Gegenteil, er galt als Segen, der allen Dank wert war, der allerdings auch zur Barmherzigkeit verpflichtete. Materieller ist vom Segen wohl nirgends gesprochen als durch Jakob: »Wird Gott mich behüten auf dem Wege und mir Brot zu essen geben und Kleider und mich mit Frieden wieder heimbringen, so soll er mein Gott sein, und ich will ihm einen Stein aufrichten als Haus. Und von allem, was du mir gibst, will ich dir den zehnten Teil geben« (1 Mose 28, 20–22).

Jesus sagte von sich: »Die Füchse haben Gruben, aber des Menschen Sohn hat nichts Eigenes, wo er sein Haupt hinlege« (Mt 8, 20). Dies sagte er nicht als Klage gegen die egoistische Welt; Jesus hatte genug Menschen, die sich drängten, ihn und seine Jünger aufzunehmen. Lukas (8, 3) berichtet von »vielen Frauen, die ihm dienten mit ihrer Habe«.

Ich verstehe Jesus so, dass er es nicht für seine und der Jünger Sache hielt, Besitz zu sammeln, sondern eben Menschen fürs Reich Gottes suchte, »Menschenfischer« sollten, wollten sie sein.

Es gibt Warnungen die Fülle gegen Geiz, Habsucht; Lockrufe genug zu Güte und gerechtem Teilen. Aber das Heimrecht im Reich Gottes muss nicht erst erworben werden durch gute Taten. Der Mensch wird nicht Gott recht durch Werke, sondern ist Gott recht. Das ist Kern der Botschaft Christi. Gottvertrauen macht dann auch anderes wichtiger als Besitz, stimmt zur Güte, zur Freude, lässt hier schon teilhaben am beginnenden Reich Gottes.

Auch Jesus hat dem reichen Jüngling eigentlich das Reich der Freiheit eröffnen wollen – »er hatte ihn lieb« (Mk 10, 21 f.) – »der aber hatte viele Güter«. Ist das zu verstehen im Sinne: Er kam nicht los von seinen Pflichten, oder er hing an seinem Reichtum?

Durch die Christenheit ziehen zwei Wege, Geld und Wohlstand einzuschätzen. »Propagandistisch« ist das Bild vom schmalen Weg des Verzichtes und dem breiten Weg des Reichtums und Wohllebens ausgemalt als Schreckensbild der Erziehung früher. Dabei lässt Jesu Gleichnis (Mt 7, 13 f.) von der engen Pforte, die zum Leben führt, die Füllung offen.

Jesus spricht in gewisser Weise frei von Versorge/Versorgtseinmentalität und lockt zu einer unbesorgten, nicht zersorgenden Art, das Leben zu führen. Wer sich Jesu Freispruch gefallen lässt, muss sich um nichts anderes mehr kümmern als um Freundschaft und Nachfolge Jesu; »Trachtet zuerst nach dem Reich Gottes, dann wird euch alles andere zufallen« (Mt 6, 33).

Vom Kopf auf die Füße gestellt zu haben scheint Jesus sein Wort im Gleichnis von den anvertrauten Pfunden (Mt 25, 14–29). Dort heißt es ja: Trachte nach Umsatz, Arbeit, Erfolg, dann wird dir das Reich Gottes schon zufallen. Die Geschichte geht so: Ein Besitzer rief seine Leute und vertraute ihnen sein Vermögen an; dem einen gab er fünf Talente (etwa fünf Zentner Silber), dem andern zwei, dem dritten einen; jedem nach seiner Tüchtigkeit. Macht das Beste daraus, sagte er, ich gehe auf Reisen. Nach langer Zeit kam der Herr zurück und forderte Bilanz. Da trat herzu, der fünf Talente empfangen hatte, und legte freudestrahlend weitere fünf dazu. Sein Herr sprach: Gut so, du tüchtiger und treuer Knecht, du bist über wenigem treu gewesen, ich will dich über viel setzen; komm mit zum Fest. Es trat auch herzu, der zwei empfangen hatte, und sprach stolz: Herr, ich habe zwei weitere gewonnen, hier hast du vier zurück. Auch ihn lobte der Herr, gab ihm Verantwortung über mehr und lud ihn zum Fest. Dann trat herzu, der ein Talent Silber empfangen hatte, und sprach: Herr, ich wusste, dass du ein harter Mann bist: Du erntest, wo du nicht gesät hast, und sammelst, auch wo du nicht ausgestreut hast; ich fürchtete mich, ging hin und versteckte dein Silber an sicherem Ort; gut, dass du wieder da bist, hier hast du das deine. Sein Herr aber antwortete und sprach zu ihm: Du böser und fauler Knecht! Wusstest du, dass ich auf Meins so achte, dann hättest du mein Geld wenigstens zu den Wechslern bringen sollen, und wenn ich gekommen wäre, hätte ich das Meine wiederbekommen mit Zinsen. Nehmt ihm das eine ab und gebt es dem, der die zehn hat. – Es ist so: Wer nutzt, was er hat, dem wird gegeben, und er wird die Fülle haben; wer aber nicht nutzt, was er hat, dem wird auch, was er hat, genommen werden.

Aus dieser Geschichte ist das Wort »Talent« in unseren Sprachschatz eingegangen für »Begabung«. Die Währung steht für Vermögen aller Art. Wie der Besitzer den Leuten sein Gut anvertraut, so gibt Gott an uns aus, was wir »vermögen«. Begabungen sind Gaben, sie gehören zum Kräftehaushalt der Schöpfung, wir sollen sie nutzen, sollen das Beste daraus machen. Und wir werden gefragt, was wir zustande gebracht haben, dermaleinst. Diese Einladung, Rechenschaft zu geben, würdigt uns. Wir sind zu einem Werk fähig, und es ist ganz und gar nicht egal, ob ich was zustande bringe oder nicht.

Offenkundig ist auch die Wirklichkeit so veranlagt, dass wir sie gestalten, kultivieren, veredeln, bearbeiten sollen. »Kultur« stammt ab von *colere,* lat. beackern und anbeten. »Bete und arbeite«, der berühmte *ora et labora*-Mönchsauftrag hält auch das Wesen menschlichen Schaffens fest: Kultur ist den Acker bestellen und den Kultus pflegen – die Religion.

Arbeiten macht meist Freude, obwohl wir eine Neigung zum Trägesein auch haben. Darum gut, dass uns unser Hunger auf die Beine bringt und Kopf und Hände in Schwung hält. Das Auskommen will erarbeitet sein, aber auch Wohlstand und Vorsorge, Bequemlichkeit und Effektivität, Arbeitserleichterung und Kunst wollen erworben sein, kosten also Mühe. Auch Reisen und Vergnügungen und Personal zwecks Ausweitung des Betriebes haben ihren Preis und fordern Können – aber Wirken und Bewirken ist in uns angelegt.

»Machen« und »Macht« wachsen auf einem Holz. Wir haben auch Verantwortung dafür, dass Macht zum Nutzen vieler verwendet wird. Nur abwinken und die Macht fliehen kann auch ein Stehlen, ein sich Aus-der-Verantwortung-Stehlen sein.

Wir wollen gern was machen und bewirken und bewegen – das bedarf nicht erst der Ermahnung. Es ist uns in die Wiege, ins Blut gelegt, etwas hervorzubringen, und bringt ja auch stattliche Früchte. Zur Erstausstattung jedes Menschen gehört die Kraft, die Mutterbrust herbeizurufen; dann die Lust, Mutters Lachen zu gewinnen, dann zu nützen und was zustande zu bringen, Lob zu empfangen, ein Stück Stolz zu fühlen. Der Weinbauer im Schwäbischen macht es vor: Wenn einer mosert über den sauren Wein, dann weist er die Schuld von sich: »Isch halt, wie der Herrgott hat's wachse lasse.« Lobt man aber den guten Tropfen, spielt der Wirt sich auf: »Isch halt moi G'wächs.«

Warum gingen die beiden ersten Kreditnehmer aus Jesu Erzählung tatendurstig ans Werk? Und der dritte vergräbt seine Talente, warum? Es ist großer Schmerz dabei, wenn einem Menschen der ursprüngliche Elan abgewöhnt ist: Ängstliche Eltern können lähmen mit ihrem: »Tu dies nicht, tu das nicht.« Um Phantasie und Neugier enteignet, entmutigt durch schnellere, durchtriebenere Geschwister, eingeschüchtert von großmäuligen Kameraden, auch hinerzogen auf Versorgtsein und Liebsein oder überfordert durch frühe Dressur zur Leistung, tritt der mit dem einen Talent erst gar nicht zum Wettkampf an.

Wer nicht arbeiten will, der kann es meist nicht (mehr), der ist früh gelähmt worden, vielleicht ist was geschehen, das ihn so entsetzt hat – über seiner Tat blieb einem geliebten Menschen das Herz stehen, oder ein Brand brach aus – und er lernte, am besten sich rauszuhalten und nicht im Weg zu stehen, indem er sich unsichtbar machte. Oder der kleine Mensch wurde einfach nicht bemerkt, er konnte machen, was er wollte, die Aufmerksamkeit bekamen immer andere, sie konnten alles besser. Vielleicht war der dritte, der mit nur einem Talent, ja so dran, dass er bloß nichts falsch machen wollte, und der Herr hat gut reden – er hätte es auf die Bank bringen sollen – bei den Bankenpleiten überall. Aber so ist das Leben, es bestraft den, der sich unsichtbar macht, der sich dem Leben nicht hinhält, nichts riskiert.

Was sollen denn die Begabungen, wenn ich sie nicht auf den Markt bringe, ich bleibe dem Leben meinen Einsatz schuldig und veröde; nur wer was macht, wird darin besser. Das nicht genutzte Talent, die vergrabenen Begabungen gehen verloren wie Muskeln bei langer Bettlägerigkeit.

Hätten die Begabten den Schüchternen an die Hand nehmen sollen? Sicher brauchen wir Lehrer, und was Hänschen nicht lernt, kann Hans endlich nachholen. Wir haken nicht wie Schallplatten fest in einer Rille, wir sind noch lernfähig bis zum letzten Atemzug. Wenn Jesus Zeit gehabt hätte, dann hätte er sicher die Geschichte noch um einen vierten ergänzt; der macht riskante Geschäfte, stieg hoch, aber stürzte ab, »als eine Teuerung ins Land kam« (wie beim verlorenen Sohn, Lk 15, 14). Hätte der Herr ihn umarmt, ihm seinen Einsatz vervielfacht? Es sähe Jesus ähnlich, so großzügig von Gott zu reden. Denn das könnte die wahre »Sünde wider den Heiligen Geist« sein (Mt 12, 32), aus Argwohn Gott für geizig zu halten – wie der ältere Bruder ja auch den Vater verkennt: »Du hast mir nie einen Bock gegeben, dass ich mit meinen Freunden hätte fröhlich sein können.« Und der Vater/Gott, ohnmächtig vor verkannter Liebe, sagt: »Was mein ist, ist doch dein« (Lk 15, 31).

Der mit dem einen Talent sah nur den harten Dealer und wollte mit dem nichts zu tun haben, wollte sein kleines Leben im stillen Winkel. Aber das Leben will geliebt und gepflegt, eben kultiviert sein, von jedem, »seinen Fähigkeiten gemäß«. Das Leben lässt Irrtum zu, ja: »Versuche und irre« – und korrigiere und versuche weiter – das ist auch die Gangart Gottes in der Evolution, ist der Rhythmus des Lebens überhaupt. Darum ist die Wirklichkeit auch fehlerfreundlich, wie viele Irrtümer und Sünden sind dir geglättet worden! Aber wer gar nicht kommt oder meist zu spät, den bestraft wohl das Leben tatsächlich.

»Du sollst nicht stehlen« ist die Kehrseite der Medaille: Du kannst genug, um deinen Lebensunterhalt zu beschaffen und den der dir Anvertrauten dazu. Steht dies Versprechen irgendwo geschrieben? Mit deinem Geborensein ist dir das Recht, gebraucht zu werden und daraus dein Auskommen zu haben, mitgegeben – inklusiv der Grenzziehungen und des Auftrags für die Not: »Bittet«! Auch wenn Geldsorgen und Kümmernisse immer auch bei dir sein sollten, sei du gern du, gern hier. Nimm das als geschrieben und gesetzt. Und stehle nicht.

Aber bis kurz vor der Grenze, wo Stehlen anfängt, bis dahin nutze das Leben als Revier, ihm Lebensmittel abzuringen; biete dein Können an, sei fleißig; mach gut, was du tust, ob die Straße kehren oder Zähne behandeln oder noch pfiffigere Programme für Computer austüfteln. Und wenn du Pizza backst, soll es die knusprigste weit und breit sein mit frischen Champignons – du verfeinerst so lange, bis die Leute von weither kommen.

Sei kundenorientiert, hilf Probleme zu lösen, dann sollte genug für dich hängen bleiben. Denk nicht zuerst an Geld, sondern habe Lust, Menschen entgegenzukommen, ahne ihr Bedürfnis voraus, denke für sie, versteh sie besser als sie sich – dann »gibt's der Herr den Seinen im Schlaf« (Psalm 127, 2), eben wie nebenbei.

Mit Fähigkeiten, deinen und der Mitarbeitenden, gehe ökonomisch um, also haushälterisch. Und fordere als Tüchtiger nicht, bevorzugt zu werden, das brächte Streit. Und schmücke dich nicht mit Kostbarkeiten, so ziehst du ja Diebe förmlich an, dich zu erleichtern. Und bediene die Forderungen, die gerecht sind – Schulden bleiben kleben –, lass dich nicht gelüsten, durch Tricks dich zu entwinden, du reizt ja sonst dein Gegenüber zu härterer Gangart. Und was erst sportlich anfängt, kann leicht ausufern zu boshaften, dann kriminellen Machenschaften. Alle Sorten Fahrerflucht sind nur schäbig; bezahle, was du beschädigt hast oder bestellt hast; bestell nicht, ehe du zahlen kannst; sei verlässlich. Enttäusche nur im Notfall. Offenbare dich vorher; jeder Chef/jede Chefin, wenn du gut bist, will dich halten, wird dir in der Not was zuschießen, wenn die Not einsehbar ist. Sie werden dir jedenfalls einmal helfen, schon damit du nicht in Versuchung gerätst, etwas zu entwenden.

Vertrauen ist ein kostbares Gut. Wenn du stiehlst, bestiehlst du dich selbst um deinen freien Blick, um die Achtung. Denn du selbst, auch wenn du nicht erwischt wirst, weißt, was du getan hast, und »das Gewissen, das alte Krokodil, es beißt und beißt« (Marie Luise Kaschnitz).

Natürlich dürfen wir begehren, was nicht unser ist. Die Kirschen in Nachbars Garten, des andern chromglänzendes Motorrad, das schöne Haus, das in der Glücksspirale zu gewinnen ist, ihr Aussehen, ihre Bildung, sein Charme – wir dürfen uns eingestehen, was wir auch gern hätten. Wir sollen uns sogar klar werden, was unsere Wünsche sind – dazu kann im Idealfall auch die Werbung helfen, aber die macht uns oft den Mund wässrig nach Sachen, die uns nicht bekommen oder die wir uns nicht leisten können. Aber darum sollte man Werbung nicht verdammen, man sollte helfen, resistent zu werden gegen Gier, gegen Habsucht, gegen Neid.

Begehren also im Sinne von Wünschen, ja; aber nicht im Sinne von Habgier und Neid; die verdrehen uns den Kopf, die unterwerfen, dass wir kriminell oder verrückt darüber werden können. Wir begehren. Und wir sind Nachkommen von Überlebenden, die begehrten; die gerade darum auch sich fortpflanzten, weil sie begehrten. Begehren macht, dass ich mich mühe. Begehrend nehme ich wahr, was ich brauche. Aus Begehren wird die meiste Arbeit getan. Aber was musst du so dringend haben, dass du es stehlen musst?

Welche Sache ist denn so wertvoll, so dringend, dass ich sie an mich bringen muss, egal wie? Essen, Trinken, Dach überm Kopf, ärztliche Versorgung? Keiner darf verhungern. Wir Besitzenden wissen um unsere Mitschuld am Hunger in der Welt – keiner würde den Bedürftigen vor seiner Tür abweisen, er würde ihm zu essen geben. Die Bedürftigen in anderen Teilen der Welt sehen wir im Regelfall nur im Fernsehen und das können wir abstellen, wenn es uns zu viel wird. Wir tun jedoch wenig dafür, den Hunger in der so genannten Dritten Welt abzustellen. Wir denken nicht darüber nach, warum zum Beispiel Lebensmittel und Kleidung, die dort produziert werden, für uns so leicht erschwinglich sind, während die Menschen dort verhungern. Die dort haben zu wenig zum Leben, weil wir hier gar keine fairen Preise zahlen für ihre Produkte und weil sie keine fairen Löhne bekommen für ihre Arbeit. Unser Wohlstand baut zu einem erheblichen Teil auf deren Hunger. Kein Wunder, wenn sich die Menschen dort aufmachen, um auch hier zu leben. Wir werden auch noch viel mehr Menschen aufnehmen müssen, die hier mit nichts als ihrem nackten Leben und ihrem riesigen guten Willen ankommen. Wenn wir nicht dafür sorgen, dass sie zu Hause durch ihre Arbeit ein Auskommen finden können, müssen wir in Kauf nehmen, dass sie hierher kommen in der großen Hoffnung, hier arbeiten zu können, um leben zu können.

Wir halten doch viel zu viel für uns zurück im Angesicht der Hungernden und Bedrohten – wir im reichen Norden bemühen uns, unsere Grenzen abzuschließen gegen die Habenichtse des Südens und Ostens – es ist ein lächerliches, chancenloses Unterfangen. Für einen Abgewiesenen kommen zehn neue Menschen und wollen hier ihr Glück machen und haben ein Recht darauf. Es sei denn, wir helfen ihnen, in ihrer Heimat ihr Auskommen zu finden. Gegen Hungernde »Deutschland den Deutschen« laut oder leise zu brüllen, ist beschämend. Und aussichtslos, denn »was ihr nicht gebt aus Gehorsam gegen Christus, das fordert euch die Zeit mit Wucherzinsen ab« – so Martin Luther.

Jesus drängt geradezu: »Bittet, suchet, klopfet an, so wird euch aufgetan« (Mt 7, 7). In der Not müssen wir bitten und betteln, sonst machen wir die andern schuldig. In wirklicher Not, zu der die Unfähigkeit zu arbeiten sicher gehört, ist das Betteln harte, echte Arbeit. Denn es ist Arbeit, Wohltaten lockerzumachen und Menschen zu bekehren, ihr Glück zu merken, dass sie nämlich in der glücklichen Lage sind, geben zu können. Und wer den Bittenden recht versteht, der bedankt sich, wie in Indien, dass er die Gabe angenommen hat.

Wir stehlen schon oft genug – nicht nur Gott seinen Tag, wenn wir nicht geliebt haben; wir nehmen schon mit unserm schnellen Melden in der Klasse dem Bedächtigen den Raum zu reden, mit unserm geschickten Auftreten nehmen wir andere für uns ein, was diese wieder anderen abziehen – denn wir haben ja nicht unbegrenzt viel Aufmerksamkeit.

Weil man sich von uns mehr verspricht, werden wir eher bedient, unsere Sprachgewandtheit setzt den andern ins Unrecht, unser Geld kauft den Entwicklungsländern ihr Land weg. »Nicht Stehlen« hat viele Seiten.

155

Als Besitzende haben wir interessante Gaben, die wiederum Begabungen anderer für uns lockermachen. Geld lockt, die Menschen werden höflicher; sie mühen sich, an mein Geld zu kommen, wie ich hoffentlich mich auch anstrenge, mein Bestes zu geben.

Aber Geld ist ein besonderer Saft – es hat eine Eigendynamik, die den Besitzer leicht zum Besessenen verdirbt. Geld ist ja flüssiges Zahlungsmittel, ist gemünzte Fähigkeit, andere Fähigkeiten zu verflüssigen und Sachen zu tauschen – auch Vorsorge zu sammeln gemäß dem klugen biblischen Satz: »Geld beschirmt« (Prediger 7, 12). Aber Geld kann seine dienende Qualität verlieren und Selbstzweck werden – es hat dann den Eigen-Sinn, sich zu vermehren, und wir werden zu Geldknechten. Das meint Jesus wohl mit: »Man kann nicht Gott dienen und dem Mammon« (Mt 6, 24) und: »Macht euch lieber Freunde mit dem ungerechten Mammon« (Lk 16, 9).

Jesus verteufelt Geld nicht, er warnt nur, ihm nicht zu dienen, sondern uns seiner zu bedienen und Gutes damit zu tun. Es zählt mit zu den Gaben Gottes, es ist gemünzte Energie, die wir hoffentlich mit guter Ware, mit hilfreichem Tun, mit klugen Gedanken an uns bringen. Aber solange es Arme gibt, sind wir Reichen auch Diebe – weil wir mehr nehmen, als wir müssen (anders der Weise: »Armut und Reichtum gib mir nicht, sondern meinen bescheidenen Teil lass mir zukommen«, Spr 30, 8).

Nicht stehlen – Arbeit, Wissen, Kapital. Gerecht handeln wir erst, sagt Bernhard Shaw, wenn einer für mich mit seinem Talent arbeitet und ich für ihn mit meinem Talent eine Stunde arbeite – das gibt es ja in der Familie und in Ansätzen auch unter Freunden und Nachbarn. Aber wer an jemandem verdient, der soll ihn auch gut bezahlen, sonst ist das auch Diebstahl. Es reicht nicht mehr: »Du sollst dem Ochsen, der da drischt, nicht das Maul verbinden« (1 Kor 9, 9). Wir stehen in der Schuld so vieler Menschen.

Menschen vieler Generationen, vieler Länder haben gearbeitet, und ich ernte davon Kenntnisse, Früchte, Rohstoffe, Energie, Unterhaltung. Wie viel Menschen in Jahrtausenden haben an Zahlen herumgerätselt, an Buchstaben – bis sie die uns heute selbstverständlichen fanden, Mönche haben die Heiligen Schriften abgeschrieben, wieder und wieder, bis sie endlich gedruckt und vervielfältigt wurden und an uns heute gelangt sind. Wie viele haben unter Qualen große Kunst hervorgebracht, und ich darf sie schlendernd genießen. Wir leben vom Leben, das lange vor uns gepflanzt wurde, wir ernten ungeheure Wohltaten, weil uns sich das Wissen der Generationen kumuliert, da sollte von uns auch was bleiben für die nächsten Generationen, und zwar mehr als Müll.

Eine besondere Gabe, die es mehr noch zu entwickeln gilt, ist: das Leben deuten als hoffnungsvoll. Unter den Mäusen gab es eine besonders hilfreiche: Es rackerten und ackerten die Mäuse und brachten Korn für Korn ins Winterquartier. Nur Frederick saß müßig und ließ sich von der Sonne bescheinen, sehr zum Ärger der Fleißigen. Als dann aber der Winter lange kein Ende nahm und die Körner immer weniger wurden; da, als die Mäuse schon beinahe starr wurden vor Hunger und Kälte, da sang ihnen Frederick Lieder von der warmen Sonne und malte Bilder von üppigen Feldern voller Weizen, und aus Sehnsucht hielten sie durch, bis der Frühling kam (Leo Leonni). Gegen inneren und äußeren Mangel stellten Kunst und Religion die Bilder vom Gelingen vor Augen. Und die Mäuse um Frederick verstanden das Wort des Jesus: »Der Mensch lebt nicht vom Brot allein, sondern von einem jeglichen Hoffnungswort, das aus Gottes Mund geht« (Mt 4, 4).

Es gibt so viel zu tun. Stiehl dich nicht dem Leben. Feuer die Liebe an, wecke Gefühle der Freude, entfache Elan. Lass nicht zu, dass Menschen in deiner Nähe sich abfinden mit ihrem »wunschlosen Unglück« (Peter Handke). Mit Musik, Sprache, Spielen bring die Verhältnisse zum Tanzen; lade ein, sporne an, dass sie füreinander kochen; dass sie die Vorgärten und Hauswände, wenn verwahrlost, wieder streichen; dass man mit Konfirmanden ins Pflegeheim geht, und ganz behutsam werden Alte und Junge sich finden.

Nicht stehlen! Das Gegenteil davon ist: Erkenn wieder, wie viel du hast; und entwickle deine Begabungen – mach was aus dir und anderen.

Wenn auch für industriell hergestellte Ware immer weniger Hände gebraucht werden, so ist Arbeit da in Fülle. Die reichere und tiefere Gestaltung der menschlichen Beziehungen ist nie fertig, und der wichtigste Rohstoff steckt in den Hirnen – denk und tu was.

Eine besondere Begabung ist es heute, Arbeit verkaufbar zu machen. Da sind Unternehmerinnen/Unternehmer gefragt, die eine Vision haben, die Bedürfnisse erfühlen, bevor sie Bedarf werden; die Vorsorge treffen und ein Projekt effizient betreiben. Die vor allem Mitarbeitende einstellen, ihnen fachliche Fähigkeiten beibringen, sie zu einer Mannschaft mit Erfolgslust erziehen, sie zu schonendem Umgang mit der Zeit anderer Menschen anhalten, Kostenbewusstsein schüren, Material und Energien sparen helfen, Informationen für alle erreichbar machen. So werden die Mitarbeitenden auf allen Ebenen fähig, mitentscheiden zu können. Beteilige an Einspargewinnen, lass sie Verluste auch mittragen, ein Stück weit. Das Eigeninteresse der Mitmenschen anzuspornen, die Zustimmung der Mitarbeitenden zu gewinnen, ist die Kunst.

Eine der größten Gaben ist ja, die Begabungen anderer zu fördern. Erziehen, entwickeln, auswickeln; durch Zeigen und Anerkennen verbessern, im Durchhalten bestärken, erst mal dem andern beibringen: Du taugst, du bist gut, gut für mehr. Einen Kuss allen fördernden, engagierten Menschen. Sie sehen förmlich die Kräfte wachsen, wie der Bauer das Korn wachsen sieht, sie sind Hebammen der Begabungen Gottes, die er in uns eingesät hat.

Menschen in Arbeit bringen, dass sie ihr Auskommen selbst erarbeiten können, ist Kooperation mit Gott, erster Klasse. Einmal wird Gott von Jesus mit einem Weinbergbesitzer verglichen, der alle drei Stunden ins Dorf geht und die Leute, die noch Arbeit wollen, in seinen Weinberg schickt (Mt 20, 1–15). Einem Arbeit beschaffen, das besorgt Freiheit, Hochgefühl, Lebenswillen, Besitz, und auf den Gedanken, zu stehlen, kommt man weniger.

Ein letztes Wort

Wer erkannt hat, was gut ist, muss es leben. Die guten Gebote halten; sie umfrieden Sinnraum; halte ich mich an die Gebote, habe ich Handlungsraum, der einigermaßen klarkommen lässt – auch indem ich möglichst wenig schade.

Durch dich mehr Gutes, wieder noch einmal. Alle Diskussionen über Ethik schieben mich/dich an den Start: Jetzt fass an, tu den Mund auf, mach Schaden gut. Immer wieder hingerettet zu einem neuen Anfang, an dem Vertrauen, ich kann gut sein, kann Gutes tun, kann anderen und mir helfen, ergibt es sich: Ja, Hiersein ist herrlich.